普通话语音基础教程

杨海斌　主编

WUHAN UNIVERSITY PRESS
武汉大学出版社

图书在版编目(CIP)数据

普通话语音基础教程/杨海斌主编.—武汉：武汉大学出版社，2021.6(2021.10 重印)
ISBN 978-7-307-22241-0

Ⅰ.普… Ⅱ.杨… Ⅲ.普通话—语音—教材 Ⅳ.H116

中国版本图书馆 CIP 数据核字(2021)第 072203 号

责任编辑:李晶晶　　责任校对:李孟潇　　版式设计:韩闻锦

出版发行：**武汉大学出版社**　(430072　武昌　珞珈山)
(电子邮箱：cbs22@whu.edu.cn　网址：www.wdp.com.cn)
印刷:武汉中科兴业印务有限公司
开本:720×1000　1/16　印张:10.5　字数:192 千字　插页:1
版次:2021 年 6 月第 1 版　2021 年 10 月第 2 次印刷
ISBN 978-7-307-22241-0　定价:32.00 元

前　言

2014年，武汉体育学院取得中国政府奖学金留学生培养资格，招收各类来华留学生。2017年3月，教育部批准了武汉体育学院汉语国际教育专业本科课程设置的申请。因此，如何编写一本既可以满足汉语国际教育专业学生和高级汉语水平留学生普通话语音发声与语音学专业知识学习，又可以满足学生普通话水平测试应试的教材，是执笔此书的出发点，也是本教材编写过程中所需要考虑的最重要的问题。

作为普通话语音的基础教材，本教材在第一章对普通话的定义、普通话语音的特点、音节、音素等语音学基础知识进行了讲解；第二章和第三章分别对发音器官、声母和韵母的定义、分类、发音进行了介绍；第四章介绍了普通话的声调，其主要内容包括声调的定义，性质和特征，调值、调类和调号，声调的发音等内容。第五章对轻声、儿化、变调等普通话中的语流音变进行了介绍。本书的第六、第七两个章节主要包括普通话水平测试概说和应试综合练习等内容。

本教材注重理论与实践相结合，语音基础知识部分的每个知识点后都设置了相关练习。教师可根据学生语音发声中存在的问题，对学生进行指导，学生也可根据实际需求，使用本教材进行普通话语音发声训练。普通话水平测试部分以应试为主，针对不同的题型，介绍了应试要领、评分标准，并提供了相关练习和模拟题型。学生可通过自学或在教师指导下进行全面有效的普通话水平测试应试学习。

在此书出版之际，感谢武汉体育学院国际教育学院杨梅院长、田智会副书记和刘永东副院长对本书的指导和支持。教材能够得以问世，离不开他们的关心和帮助。

同时，感谢本书编辑在本教材出版期间给予的帮助和宝贵意见及建议。

由于时间仓促，书中难免存在一些错漏，期待广大读者、同行和专家能够不吝指正。

笔者

2020 年 12 月于武汉体育学院

目　　录

第一章　普通话语音基本概念

一、什么是普通话

普通话是以北京语音为标准音，以北方方言为基础方言，以典范的现代白话文著作为语法规范的现代汉民族共同语，也是中华民族大家庭的通用语言。

《中华人民共和国宪法》第十九条第五款规定："国家推广全国通用的普通话。"《中华人民共和国广播电视管理条例》第三十六条规定："广播电台、电视台应当使用规范的语言文字。广播电台、电视台应当推广全国通用的普通话。"《中华人民共和国国家通用语言文字法》第二条规定："国家通用语言文字是普通话和规范汉字。"第三条规定："国家推广普通话。"

二、普通话语音的特点

现代汉语普通话以北京语音为标准音，其特点主要包括以下几个方面：

1. 普通话的一个音节至多只有四个音素，音节结构形式比较简单。

2. 元音是音节中不可缺少的一部分。而普通话音节中元音占优势，且清声母居多。因此，发音响亮。

3. 声调是普通话语言中最重要的特点。四个声调中高音成分多，低音成分少，使语音形成了高低抑扬的特点。

4. 每两个音节之间区分鲜明，使普通话具有很轻快的节奏感。

三、音素

（一）音素的概念

音素是语音中划分出来的最小的语音单位。多数情况下，普通话语音中一个字母表示一个音素，如：a，o，e，b，p，m 等；部分音素由两个字母构成，如：zh，ch，sh，er 等。

(二)音素的分类

音素分为元音音素和辅音音素两类。

1. 元音：元音也叫母音，发音时声带振动，气流在口腔中不受明显阻碍。元音声音响亮，可唱，可延长。普通话语音中元音音素共有 10 个，分别是：a，o，e，ê，i，u，ü，-i(前)，-i(后)，er。

2. 辅音：辅音也叫子音，发音时，部分辅音声带振动。气流在口腔中受到不同程度的阻碍，大部分辅音不如元音响亮且不可唱，不可延长。普通话语音中辅音音素共有 22 个，分别是：b，p，m，f，d，t，n，l，g，k，h，j，q，x，zh，ch，sh，r，ng，z，c，s。

四、音节

(一)音节的概念及构成

音节是从听觉上可以区别的语音结构的基本单位，一个音节由 1~4 个音素构成。普通话语音中的音节由声母、韵母和声调构成。如：“ā(阿)”这个音节由单个音素 a 和阴平声调构成；音节“ān(安)”由 a 和 n 两个音素以及阴平声调构成；音节“bān(班)”由 b，a 和 n 三个音素以及阴平声调构成；音节“zhuāng(装)”由 zh，u，a 和 ng 四个音素和阴平声调构成。正如以上几个示例，一般情况下现代汉语中一个汉字的读音就是一个音节。当一个词为儿化音时，则会出现两个汉字一个音节的情况，如“那儿”一词中两个字的读音由“nàr”一个音节构成。轻声音节虽然不标注声调，但并不代表没有声调。例如“妈妈 ”一词中第二个“妈”为轻声，其调值从 3 调降至 2 调，但在其实际拼音中不标声调，写作“ma”。

(二)音节的声韵拼合关系

普通话语音中，并非所有声母和韵母之间都具有可拼合关系。声母和韵母的拼合关系主要取决于声母的发音部位和韵母的传统四呼。下表总结了声母和韵母的拼合关系，表中“+”表示可拼合；“-”表示不可拼合。(表 1-1)更为详细的普通话声韵拼合关系详见本书附录。

表 1-1 普通话声韵配合简表

	开口呼	齐齿呼	合口呼	撮口呼
零声母	+	+	+	+
b p m	+	+	+	−
f	+	−	+	−
d t	+	+	+	−
n l	+	+	+	+
g k h	+	−	+	−
j q x	−	+	−	+
zh ch sh r	+	−	+	−
z c s	+	−	+	−

五、汉语拼音方案

《汉语拼音方案》于 1957 年 11 月 1 日国务院全体会议第 60 次会议通过，并于 1958 年 2 月 11 日第一届全国人民代表大会第五次会议批准。

(一) 字母表

字母 名称	Aa ㄚ	Bb ㄅㄝ	Cc ㄘㄝ	Dd ㄉㄝ	Ee ㄜ	Ff ㄝㄈ	Gg ㄍㄝ
	Hh ㄏㄚ	Ii ㄧ	Jj ㄐㄧㄝ	Kk ㄎㄝ	Ll ㄝㄌ	Mm ㄝㄇ	Nn ㄋㄝ
	Oo ㄛ	Pp ㄆㄝ	Qq ㄑㄧㄡ	Rr ㄚㄦ	Ss ㄝㄙ	Tt ㄊㄝ	
	Uu ㄨ	Vv 万ㄝ	Ww ㄨㄚ	Xx ㄒㄧ	Yy ㄧㄚ	Zz ㄗㄝ	

v 只用来拼写外来语、少数民族语言和方言。字母的手写体依照拉丁字母的一般书写习惯。

(二)声母表

b ㄅ玻	p ㄆ坡	m ㄇ摸	f ㄈ佛	d ㄉ得	t ㄊ特	n ㄋ讷	l ㄌ勒
g ㄍ哥	k ㄎ科	h ㄏ喝		j ㄐ基	q ㄑ欺	x ㄒ希	
zh ㄓ知	ch ㄔ蚩	sh ㄕ诗	r ㄖ日	z ㄗ资	c ㄘ雌	s ㄙ思	

给汉字注音的时候，为了使拼式简短，zh，ch，sh 可以省作 ẑ，ĉ，ŝ。

(三)韵母表

	i　ㄧ 衣	u　ㄨ 乌	ü　ㄩ 迂
a　ㄚ 啊	ia　ㄧㄚ 呀	ua　ㄨㄚ 蛙	
o　ㄛ 喔		uo　ㄨㄛ 窝	
e　ㄜ 鹅	ie　ㄧㄝ 耶		üe　ㄩㄝ 约
ai　ㄞ 哀		uai　ㄨㄞ 歪	
ei　ㄟ 欸		uei　ㄨㄟ 威	
ao　ㄠ 熬	iao　ㄧㄠ 腰		
ou　ㄡ 欧	iou　ㄧㄡ 忧		
an　ㄢ 安	ian　ㄧㄢ 烟	uan　ㄨㄢ 弯	üan　ㄩㄢ 冤
en　ㄣ 恩	in　ㄧㄣ 因	uen　ㄨㄣ 温	ün　ㄩㄣ 晕
ang　ㄤ 昂	iang　ㄧㄤ 央	uang　ㄨㄤ 汪	
eng　ㄥ 亨的韵母	ing　ㄧㄥ 英	ueng　ㄨㄥ 翁	
ong（ㄨㄥ） 轰的韵母	iong　ㄩㄥ 雍		

1. “知、蚩、诗、日、资、雌、思”等七个音节的韵母用 i。即：知、蚩、

诗、日、资、雌、思等字拼作 zhi，chi，shi，ri，zi，ci，si。

2. 韵母儿写成 er，用作韵尾的时候写成 r。例如：“儿童”拼作 ertong，“花儿”拼作 huar。

3. 韵母せ单用的时候写成 ê。

4. i 行的韵母，前面没有声母的时候，写成 yi(衣)，ya(呀)，ye(耶)，yao(腰)，you(忧)，yan(烟)，yin(因)，yang(央)，ying(英)，yong(雍)。u 行的韵母，前面没有声母的时候，写成 wu(乌)，wa(蛙)，wo(窝)，wai(歪)，wei(威)，wan(弯)，wen(温)，wang(汪)，weng(翁)。ü 行的韵母，前面没有声母的时候，写成 yu(迂)，yue(约)，yuan(冤)，yun(晕)，ü 上两点省略。ü 行的韵母跟声母 j，q，x 拼的时候，写成 ju(居)，qu(区)，xu(虚)，ü 上两点也省略；但是跟声母 n，l 拼的时候，仍然写成 nü(女)，lü(吕)。

5. iou，uei，uen 前面加声母的时候，写成 iu，ui，un。例如 niu(牛)，gui(归)，lun(论)。

6. 在给汉字注音的时候，为了使拼式简短，ng 可以省作 ŋ。

(四)声调符号

阴平	阳平	上声	去声
—	ˊ	ˇ	ˋ

声调符号标注在音节的主要母音上，轻声不标，例如：

mā	má	mǎ	mà
妈	麻	马	骂
阴平	阳平	上声	去声

(五)隔音符号

以 a，o，e 开头的音节跟在其他音节后面的时候，如果音节的界限发生混淆，用隔音符(’)隔开。例如 pi’ao(皮袄)。

第二章　声　　母

一、发音器官

人体的发音器官可分为动力器官、发声器官、共鸣器官和咬字器官四个部分。肺是人体发音的动力源。气流从肺部呼出，通过气管冲击声带，根据声带的不同运动产生不同的声音，声带发出的声音达到口腔和鼻腔产生共鸣，对声音进行放大，最后通过不同的咬字器官运动，发出不同的语音。图 2-1 为发音器官示意图。

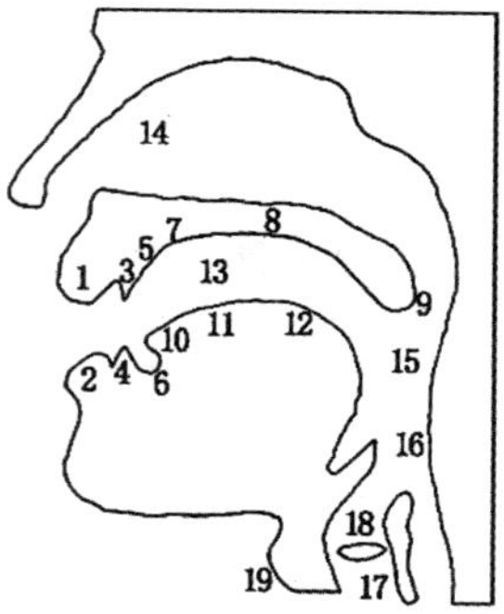

1.上唇　　11.舌面
2.下唇　　12.舌根
3.上齿　　13.口腔
4.下齿　　14.鼻腔
5.上齿龈　15.咽腔
6.下齿龈　16.会厌
7.硬腭　　17.气管
8.软腭　　18.声带
9.小舌　　19.喉头
10.舌尖

图 2-1　发音器官示意图

二、什么是声母

普通话的音节一般由声母、韵母和声调三部分构成。声母是普通话音节中开头的辅音部分。普通话中共有 21 个声母，分别是：b，p，m，f，d，t，n，l，g，k，h，j，q，x，zh，ch，sh，r，z，c，s。如果一个音节中没有声母，我们称之为零声母，这个音节被称为零声母音节。

三、声母的分类

根据发音部位的不同，可以将声母分为七类；根据发音方法的不同，可以将声母分为五类；根据送气与否，可以将声母分为送气音和不送气音两类；根据发音过程中声带振动与否，可将声母分为清音和浊音两类。

(一)根据发音部位分类

根据发音部位的不同，可以将声母分为双唇阻、唇齿阻、舌尖前阻、舌尖中阻、舌尖后阻、舌面阻和舌根阻七类。

1. 双唇阻：上唇与下唇成阻，b，p，m 为双唇阻声母。
2. 唇齿阻：上齿与下唇成阻，f 为唇齿阻声母。
3. 舌尖前阻：舌尖与上齿背成阻，z，c，s 为舌尖前阻声母。
4. 舌尖中阻：舌尖与上齿龈成阻，d，t，n，l 为舌尖中阻声母。
5. 舌尖后阻：舌尖与硬腭前部成阻，zh，ch，sh，r 为舌尖后阻声母。
6. 舌面阻：舌面前部与硬腭前部成阻，j，q，x 为舌面阻声母。
7. 舌根阻：舌根与软硬腭交界处成阻，g，k，h 为舌根阻声母。

(二)根据发音方法分类

根据发音方法的不同，可以将声母分为塞音、擦音、塞擦音、鼻音、边音五类。

1. 塞音：成阻部分完全闭合，气流蓄积在成阻部分，发音时，成阻部分突然打开，气流在爆发后发出声音。普通话的声母塞音有六个：b，p，d，t，g，k。

2. 擦音：成阻的两个部分靠近留出极小的缝隙形成阻塞。发音时，呼出的气流从缝隙中挤出，产生摩擦，形成声音。普通话的声母擦音有六个：f，h，x，sh，s，r。

3. 塞擦音：成阻部分完全闭合，发音时成阻部分打开一条极小的缝隙形成阻碍，呼出的气流从缝隙中挤出，产生摩擦，形成声音。普通话的声母塞擦音有六个：j，q，zh，ch，z，c。

4. 鼻音：成阻部分完全闭合，发音时，声带振动，软腭下垂，鼻腔通路打开，气流从鼻腔通过，发出鼻音。普通话声母的鼻音有 m 和 n 两个，鼻辅音有一个：ng。

5. 边音：舌尖抬起与上齿龈后部接触，形成阻塞，发音时，声带振动，气流从舌头两边流出，同时舌尖自然落下，形成声音。普通话的声母边音只有一个：l。

（三）根据送气与否分类

按照发音过程中呼出气流的强弱不同，普通话声母可分为送气音和不送气音两类。发音时气流较强的为送气音，气流微弱的为不送气音。普通话声母中的不送气音有六个：b，d，g，j，zh，z；送气音有六个：p，t，k，q，ch，c。

（四）按照发音清浊分类

根据发音过程中声带振动与否，普通话声母可分为清音和浊音两类。发音时声带振动的是浊音，声带不振动的是清音。普通话声母中的浊音有四个：m，n，l，r；清音有十七个：b，p，f，d，t，g，k，h，j，q，x，zh，ch，sh，z，c，s。

四、声母的发音

（一）b 的发音

1. 发音要领：双唇不送气清塞音。双唇闭合，力量集中在唇中央部位。发音时，气流到达成阻部位后冲破阻塞并从双唇中部流出，声带不振动，发出不送气音。

2. 单音节字词练习：

八	拔	把	罢	播	博	跛	簸	掰	白	百	拜
杯	北	倍	包	薄	宝	爆	班	板	半	奔	本
笨	帮	绑	棒	崩	甭	绷*	蹦	逼	鼻	比	壁
憋	别	瘪	别*	标	表	鳔	边	贬	变	斌	鬓
冰	饼	病	峬	醭	补	布					

（标有 * 的“绷”和“别”为多音字，在这里分别读作“běng”和“biè”。例词：绷着脸，别扭。）

3. 多音节词语练习：

爸爸	播报	伯伯	勃勃	拜拜*	白班	白板	百般	百倍
摆布	败北	败笔	败兵	拜别	卑鄙	背包	北边	抱病

斑驳　颁布　斑白　搬兵　板报　板壁　版本　半百　半壁
半边　本埠　帮办　包办　包庇　褒贬　薄饼　宝宝　宝贝
(标有＊的“拜拜”为多音字，读作“báibái”。)

(二)p 的发音

1. 发音要领：双唇送气清塞音。双唇闭合，力量集中在唇中央部位。发音时气流到达成阻部位后冲破阻塞并从双唇中部冲出，声带不振动，发出送气音。

2. 单音节字词练习：

趴　爬　怕　坡　婆　叵　破　拍　排　迫＊　派
胚　陪　配　抛　刨　跑　炮　剖　抔　掊　潘
盘　盼　喷　盆　喷＊　乓　旁　榜　胖　烹　朋
捧　碰　批　皮　匹　譬　瞥　撇　瞥　飘　瓢
瞟　票　偏　骈　谝　骗　拼　贫　品　聘　乒
平　扑　菩　普　铺
(标有＊的“迫”和“喷”为多音字，在这里分别读作“pǎi”和“pèn”。例词：迫击炮，喷香。)

3. 多音节词语练习：

攀爬　澎湃　批判　批评　枇杷　偏旁　偏僻　偏颇　翩翩
瓢泼　拼盘　品牌　品评　乒乓　平平　评判　评聘　婆婆

(三)m 的发音

1. 发音要领：双唇浊鼻音。双唇自然闭拢，发音时软腭下降，打开鼻腔通道，声音和气息送入鼻腔，同时打开双唇，气流从鼻腔和口腔流出，声带振动，发出有鼻音色彩的双唇浊辅音。

2. 单音节字词练习：

妈　麻　马　骂　摸　魔　抹　墨　么　埋　买　卖
没　每　妹　猫　毛　卯　冒　哞　谋　某　颟　馒
满　慢　闷　门　焖　们　牤　忙　莽　蒙＊　萌　猛
梦　眯　迷　米　秘　咩　灭　喵　苗　秒　妙　谬
棉　免　面　民　敏　明　酩　命　模＊　母　木
(标有＊的“蒙”和“模”为多音字，在这里分别读作“mēng”和“mú”。例词：蒙骗，模样。)

3. 多音节词语练习：

妈妈	埋名	买卖	茂密	冒昧	冒名	满门	满面	谩骂
漫漫	盲目	茫茫	茫昧	没命	眉目	美满	美梦	美妙
美名	妹妹	门楣	门面	梦寐	蒙昧	弥漫	弥蒙	迷茫
谜面	密码	灭门	苗木	描摹	渺茫	妙曼	绵密	面貌

(四)f 的发音

1. 发音要领：唇齿清擦音。上齿轻触下唇内侧，力量集中在唇齿接触部位，发音时，成阻点打开一条窄缝，气流从缝隙中摩擦而出，声带不振动。

2. 单音节字词练习：

发	罚	法	发*	佛	飞	肥	翡	费	否	翻
烦	反	饭	分	坟	粉	愤	方	房	仿	放
风	逢	讽	凤	夫	服	辅	富			

(标有＊的“发”为多音字，在这里读作“fà”。例词：发型。)

3. 多音节词语练习：

发放	发奋	发疯	佛法	非法	非分	非凡	反复	犯法
泛泛	反方	芬芳	纷繁	纷纷	纷飞	奋发	粪肥	方法
芳菲	防范	防风	防腐	房费	仿佛	放飞	放风	风帆
风范	蜂房	夫妇	伏法	服法	福分	复发	复方	付费

(五)d 的发音

1. 发音要领：舌尖中不送气清塞音。舌尖抵在上齿龈，发音时软腭上升，气流到达成阻部位后冲破阻塞，舌尖与上齿龈弹开，发出爆破音，气流较弱，声带不振动。

2. 单音节字词练习：

搭	答	打	大	德	的	呆	歹	代	得*	刀
捯	岛	道	兜	抖	斗	单	胆	淡	扽	当
党	档	登	等	邓	低	敌	底	地	嗲	跌
碟	雕	掉	丢	颠	点	店	丁	顶	定	督
读	赌	度	多	夺	剁	堆	队	端	短	段
蹲	顿	东	懂	动						

(标有＊的“得”为多音字，在这里读作“děi”。例词：得亏〈方言〉，意为幸亏。)

3. 多音节词语练习：

达到	打动	打斗	大胆	大道	大敌	大地	大典	大度
大多	大队	带动	怠惰	导电	到达	到底	斗胆	抖动
担待	单调	单独	当代	当道	当地	等待	等到	低端
涤荡	抵达	地洞	地段	跌宕	吊灯	调度	掉队	丢掉
典当	点滴	电灯	定点	顶端	订单	督导	独到	笃定

（六）t 的发音

1. 发音要领：舌尖中送气清塞音。舌尖抵在上齿龈，发音时气流到达成阻部位后冲破阻塞，舌尖与上齿龈弹开，发出爆破音，气流较强，声带不振动。

2. 单音节字词练习：

他	塔	踏	特	胎	抬	太	忒	涛	逃	套	偷
头	透	瘫	弹	毯	探	汤	糖	躺	烫	熥	疼
梯	提	体	替	贴	铁	帖*	挑	条	窕	跳	天
填	舔	听	停	挺	梃	突	图	土	兔	拖	驮
妥	唾	推	颓	腿	退	湍	团	吞	屯	通	铜
桶	痛										

（标有 * 的“帖”为多音字，在这里读作“tiè”。例词：碑帖，字帖。）

3. 多音节词语练习：

塔台	抬头	太太	滔滔	滔天	逃脱	偷偷	头套	头疼
头痛	投胎	坍塌	贪图	谈吐	坦途	探讨	探听	唐突
堂堂	烫头	藤条	剔透	体态	体坛	体贴	体统	贴题
铁塔	铁蹄	挑剔	调停	跳台	天梯	天体	天条	天庭
厅堂	听筒	秃头	图腾	涂炭	拖堂	推脱	颓唐	退庭

（七）n 的发音

1. 发音要领：舌尖中浊鼻音。舌尖抵在上齿龈后部，发音时声带振动，软腭下降，打开鼻腔，同时舌尖从上齿龈处脱离，气流从鼻腔流出形成鼻音。

2. 单音节字词练习：

拿	哪	那	呢	讷	奶	耐	馁	内	孬	挠	脑
闹	耨	囡	男	腩	难*	嫩	囔	馕	攮	齉	能
妮	泥	拟	腻	捏	苶	聂	鸟	尿	妞	牛	扭

拗　蔫　年　撵　念　您　娘　酿　宁　拧　佞　奴
努　怒　挪　诺　暖　农　弄　女　恧　虐
(标有＊的“难”为多音字，在这里作“nàn”。例词：磨难，灾难。)

3. 多音节词语练习：

奶奶　恼怒　男女　难耐　呢喃　泥淖　泥泞　袅袅　袅娜
牛腩　扭捏　娘娘　暖男　农奴

(八)l 的发音

1. 发音要领：舌尖中浊边音。舌尖抵在上齿龈后部，舌部两侧留有空隙。发音时声带振动，软腭上升阻塞鼻腔通道，同时舌尖轻微用力，从上齿龈处弹落，气流从舌部两侧的空隙流出。

2. 单音节字词练习：

拉　剌　喇　辣　嘞　乐　了　来　赖　勒　雷　磊
类　捞　劳　老　烙　瞜　楼　搂　漏　篮　懒　烂
啷　狼　朗　浪　唠　棱　冷　愣　哩　梨　里　力
俩　咧　列　撩　聊　了*　料　溜　留　柳　六　连
脸　恋　拎　林　凛　吝　良　两　亮　零　领　另
撸　炉　鲁　路　啰　罗　裸　落　李　卵　乱　抡
轮　埨　论　隆*　龙　陇　弄*　驴　铝　绿　掠
(标有＊的“了”、“隆”和“弄”为多音字，在这里分别读作“liǎo”、“lōng”和“lòng”。例词：了解，轰隆，弄堂。)

3. 多音节词语练习：

拉力　拉链　拉拢　来历　来临　磊落　劳累　劳力　劳碌
牢笼　老辣　姥姥　老脸　老练　拦路　蓝领　褴褛　冷落
理疗　理论　历来　历练　立论　利禄　利率　莅临　留恋
流利　流浪　流量　流落　琉璃　榴莲　联络　邻里　林立
临了　淋漓　凛冽　靓丽　玲珑　凌乱　零落　领略　另类
令郎　陆离　陆路　绿林　罗列　乱来　伦理　沦落　笼络

(九)g 的发音

1. 发音要领：舌根不送气清塞音。舌根与软腭前部形成阻塞，发音时声带不震动，成阻部分弹开，微弱气流从口腔中爆发而出，发出不送气音。

2. 单音节字词练习：

噶　尕　尬　歌　格　葛　个　该　改　盖　给　高
搞　告　沟　狗　够　甘　敢　干　根　亘　刚　港
杠　耕　梗　更　姑　谷　故　瓜　寡　挂　锅　国
裹　过　乖　拐　怪　归　轨　贵　关　管　惯　滚
棍　光　广　逛　工　拱　共

3. 多音节词语练习：

哥哥　个股　改革　改观　改过　概观　高干　高跟　高估
高管　高贵　搞怪　搞鬼　干戈　干果　尴尬　赶工　感官
刚刚　更改　姑姑　锅盖　果敢　归功　贵干　观光　光顾

(十)k 的发音

1. 发音要领：舌根送气清塞音。舌根与软腭前部形成阻塞，发音时声带不振动，成阻部分打开，较强气流从口腔中爆发而出，发出送气音。

2. 单音节字词练习：

咖　卡　科　壳　可　课　开　凯　忾　剋　尻　考
靠　抠　口　叩　刊　坎　看　肯　裉　康　扛　抗
坑　哭　苦　酷　夸　垮　跨　扩　蒯　快　亏　奎
跬　匮　宽　款　坤　捆　困　筐　狂　旷　空　孔
控

3. 多音节词语练习：

可口　科考　克扣　苛刻　开课　开垦　开口　开矿　开阔
口渴　扣款　坎坷　看客　慷慨　苦口　夸口　亏空　睽睽
宽旷　宽阔　困苦　空阔　空旷　看看　可靠　刻苦　旷课

(十一)h 的发音

1. 发音要领：舌根清擦音。舌根与软腭前部形成狭小的缝隙，发音时声带不振动，气流从缝隙中摩擦而出。

2. 单音节字词练习：

哈　蛤　哈*　喝　和　褐　嗨　还　海　害　黑
蒿　豪　好　号　齁　猴　吼　后　憨　含　喊
汗　痕　很　恨　夯　航　沆　哼　横　横*　呼
胡　虎　互　花　滑　话　豁　活　火　货　怀
坏　灰　回　毁　会　欢　环　缓　换　婚　魂

混 慌 黄 谎 晃 轰 红 哄 讧

(标有 * 的“哈”和“横”为多音字，在这里分别作“hǎ”和“hèng”。例词：哈达，蛮横。)

3. 多音节词语练习：

黑户	黑话	黑货	好汉	好好	好话	浩瀚	后话	后患
后悔	憨厚	含混	喊话	汉化	行话	行会	航海	横祸
呼喊	呼唤	胡话	互换	互惠	护航	花红	花环	花卉
活化	火海	火红	火花	火化	祸患	霍霍	淮海	坏话
挥毫	挥霍	恢弘	回合	回话	回还	悔恨	毁害	毁坏
汇合	会徽	绘画	欢呼	缓和	幻化	混合	皇后	黄花

(十二)j 的发音

1. 发音要领：舌面不送气清塞擦音。舌尖抵住下齿背后，舌面前部与硬腭接触成阻，发音时舌面下降，舌面与硬腭形成狭小缝隙，微弱气流从缝隙中摩擦而出，发出不送气音，声带不振动。

2. 单音节字词练习：

鸡	及	几	记	家	夹	假	价	接	截	姐	借
交	嚼	搅	叫	究	久	就	坚	捡	件	金	仅
近	江	讲	将	经	景	静	居	局	举	句	撅
绝	捐	卷	倦	军	竣	窘					

3. 多音节词语练习：

击剑	积久	积聚	激进	即将	急救	集结	集聚	纪检
季军	加急	加劲	佳绩	家境	家眷	假借	接驾	接警
街景	洁净	洁具	结交	结节	结局	捷径	解禁	解救
戒忌	借鉴	借据	交集	交加	交结	交卷	焦距	矫健
纠结	纠举	酒精	见教	见解	建交	渐进	紧急	进击
进谏	近郊	近景	晋级	禁忌	将近	降级	降解	京剧

(十三)q 的发音

1. 发音要领：舌面送气清塞擦音。舌尖抵住下齿背后，舌面中部与硬腭接触成阻，发音时舌面下降，舌面与硬腭形成狭小缝隙，较强气流从缝隙中摩擦而出，发出送气音，声带不振动。

2. 单音节字词练习：

七	其	起	气	掐	卡*	恰	切	且	妾	敲
瞧	巧	俏	秋	求	糗	千	钱	浅	欠	亲
琴	寝	沁	腔	强	抢	呛	清	情	请	庆
区	渠	娶	去	缺	瘸	确	圈	权	犬	劝
逡	裙	穷								

（标有＊的“卡”为多音字，在这里读作“qiǎ”。例词：关卡，卡壳。）

3. 多音节词语练习：

七窍	七情	凄切	凄清	期求	期权	齐全	奇巧	奇趣
奇缺	祈求	乞求	气枪	气球	恰恰	恰巧	窃窃	窃取
悄悄	乔迁	求签	求亲	求情	求全	芊芊	牵强	铅球
前妻	前期	前驱	前去	欠缺	侵权	亲切	亲情	秦腔
抢亲	强求	轻巧	氢气	倾情	清秋	清泉	情趣	请求
区区	曲奇	驱遣	躯壳	取巧	娶亲	缺勤	确切	鹊桥

（十四）x 的发音

1. 发音要领：舌面清擦音。舌尖抵住下齿背后，舌面中前部接近硬腭前部，发音时舌面下降，舌面与硬腭形成狭小缝隙，气流从缝隙中摩擦而出，发出声音，声带不振动。

2. 单音节字词练习：

西	席	洗	细	瞎	霞	吓	些	鞋	写	谢	消
淆	小	笑	休	秀	先	贤	显	县	新	信	香
祥	想	象	星	行	擤	性	虚	徐	许	续	薛
学	雪	血*	宣	悬	选	炫	勋	寻	训	兄	熊

（标有＊的“血”为多音字，在这里读作“xuè”。例词：血管，血型。）

3. 多音节词语练习：

唏嘘	悉心	嬉戏	习性	喜讯	细心	狭小	下限	下旬
小鞋	小心	小学	小雪	孝心	肖像	笑星	休息	休想
休学	修行	先行	闲暇	嫌隙	显现	显形	显性	现下
现象	心性	心胸	欣喜	新鲜	新型	馨香	信息	信箱
相信	详细	想象	象形	兴修	兴学	行星	行凶	形象
虚线	虚像	虚心	学习	学校	宣泄	选项	选修	循序

（十五）zh 的发音

1. 发音要领：舌尖后不送气清塞擦音。舌尖翘起抵住硬腭前部形成阻碍，发音时口腔中的较弱气流冲破成阻部分形成狭窄缝隙并从中摩擦而出，发出不送气清塞擦音，声带不振动。

2. 单音节字词练习：

知	值	只	至	扎	札	眨	炸	遮	折	褶	这
摘	宅	窄	债	这*	招	着*	找	照	周	轴	肘
咒	沾	展	站	真	枕	镇	张	掌	账	争	整
证	猪	竹	主	祝	抓	爪	捉	卓	拽	追	坠
专	转	赚	谆	准	装	状	中	肿	重		

（标有 * 的“这”在这里读作“zhèi”，是“zhè”的口语化读音；“着”为多音字，在这里读作“zháo”。例词：着急，着火。）

3. 多音节词语练习：

蜘蛛	执掌	执照	执政	执着	执著	纸张	指摘	指针
指证	褶皱	债主	招展	招致	周章	周折	周转	辗转
战争	针织	珍重	珍珠	真正	真知	真挚	斟酌	争执
征战	征召	整治	正直	证照	郑重	政治	主张	主旨
主治	住宅	住址	注重	追逐	专政	专职	专著	转战
转折	转诊	转正	状纸	装帧	装置	壮志	庄重	中正

（十六）ch 的发音

1. 发音要领：舌尖后送气清塞擦音。舌尖翘起抵住硬腭前端形成阻碍，发音时，口腔中较强的气流冲破成阻部分形成狭窄缝隙并从中摩擦而出，发出送气清塞擦音，声带不振动。

2. 单音节字词练习：

吃	迟	尺	翅	插	查	衩	差	车	扯	撤	拆
柴	超	潮	吵	抽	愁	丑	臭	搀	馋	产	颤
琛	陈	趁	昌	长	场	唱	撑	成	逞	秤	初
除	楚	触	欻	戳	辍	揣	踹	吹	锤	穿	传
喘	串	春	纯	蠢	窗	床	闯	创	充	重	宠
冲*											

（标有 * 的“冲”为多音字，在这里读作“chòng”。例词：冲劲儿。）

3. 多音节词语练习：

踟蹰	赤忱	赤诚	叉车	车场	车程	车床	拆除	拆穿
超产	超常	超车	超出	抽查	抽成	抽搐	愁肠	愁楚

踌躇	臭虫	馋虫	潺潺	产出	铲车	铲除	长城	长程
长处	常常	敞车	成虫	城池	乘除	惩处	出差	出产
出厂	出车	出丑	出处	初创	初春	处处	戳穿	穿插

(十七)sh 的发音

1. 发音要领：舌尖后清擦音。舌尖翘起接近硬腭前端形成一条狭窄的缝隙，发音时，口腔中的气流从狭窄的缝隙中摩擦而出，发出清擦音，声带不振动。

2. 单音节字词练习：

师	十	使	是	沙	啥	傻	煞	奢	蛇	舍	设
筛	晒	谁*	烧	勺	少	哨	收	熟	手	受	山
陕	善	深	神	沈	肾	伤	赏	上	声	绳	省
圣	书	塾	鼠	树	刷	耍	说	硕	衰	甩	帅
谁	水	税	栓	涮	吮	顺	双	爽			

(标有＊的“谁”在这里读作“shéi”，是“shuí”的口语化读音。)

3. 多音节词语练习：

失势	诗书	时尚	实施	实说	史实	史书	试手	试水
誓师	杀生	杀手	霎时	舍身	设施	涉世	烧伤	稍稍
少数	收手	手刹	手术	守时	受伤	受审	瘦身	山势
山水	闪射	闪失	闪烁	膳食	伸手	身受	绅士	莘莘
神圣	审视	伤势	赏识	上升	上市	书社	舒适	熟睡
属实	戍守	树梢	说书	硕士	甩手	水蛇	水师	水势

(十八)r 的发音

1. 发音要领：舌尖后浊擦音。舌尖翘起接近硬腭前端形成一条狭窄的缝隙，发音时，口腔中的气流从狭窄的缝隙中摩擦而出，发出浊擦音，声带振动。

2. 单音节字词练习：

日	惹	热	饶	扰	绕	揉	肉	然	染	人	忍
认	嚷	瓤	壤	让	扔	仍	如	乳	入	挼	若
蕊	锐	软	润	容	冗						

3. 多音节词语练习：

热容	扰攘	柔韧	柔软	柔弱	人人	忍让	荏苒	荏弱

瀼瀼	攘攘	如若	濡染	孺人	蠕蠕	软弱	闰日	茸茸
荣任	荣辱	热熔	容忍	融融	仍然	融入	认人	惹人

（十九）z 的发音

1. 发音要领：舌尖前不送气清塞擦音。舌尖抵住下齿背后，舌尖稍偏后部位与上齿背接触形成阻碍，发音时，成阻部分微微打开一条狭窄的缝隙，较弱气流从缝隙中摩擦而出，发出不送气音，声带不振动。

2. 单音节字词练习：

资	紫	字	咂	砸	咋	则	仄	栽	宰	再	贼
遭	凿	早	造	邹	走	揍	簪	咱	攒	赞	怎
脏	葬	增	赠	租	族	组	昨	左	做	嘴	最
钻	纂	攥	尊	撙	捘	宗	总	纵			

3. 多音节词语练习：

孜孜	自在	自责	自足	自尊	啧啧	栽赃	再造	再则
在座	贼赃	凿凿	凿子	造作	走卒	簪子	藏族	曾祖
祖宗	做作	罪责	宗族	总则	走走	最早	粽子	早在

（二十）c 的发音

1. 发音要领：舌尖前送气清塞擦音。舌尖抵住下齿背后，舌尖稍偏后部位与上齿背接触形成阻碍，发音时，成阻部分微微打开一条狭窄的缝隙，较强气流从缝隙中摩擦而出，发出送气音，声带不振动。

2. 单音节字词练习：

疵	词	此	次	擦	测	猜	才	踩	菜	操	曹
草	凑	参	蚕	惨	灿	参*	岑	仓	藏	噌	层
蹭	粗	醋	搓	痤	错	催	脆	蹿	攒	窜	村
存	忖	寸	聪	从							

（标有 * 的“参”为多音字，在这里读作“cēn”，例词：参差。）

3. 多音节词语练习：

猜测	草草	草丛	残次	残存	参差	仓促	苍翠	层次
粗糙	措辞	错层	催促	摧残	璀璨	匆匆	匆促	葱葱
葱翠	从此	淙淙	曹操	层层	寸草	彩瓷	此次	磁层

(二十一)s 的发音

1. 发音要领：舌尖前清擦音。舌尖抵住下齿背后，舌尖稍偏后，与上齿背之间形成一条狭窄的缝隙，发音时，气流从缝隙中摩擦而出，声带不振动。

2. 单音节字词练习：

私 死 四 仨 洒 飒 色 塞 赛 骚 扫 臊
馊 叟 嗽 三 伞 散 森 桑 搡 丧 僧 苏
俗 速 缩 锁 虽 随 髓 岁 酸 算 孙 损
松 耸 讼

3. 多音节词语练习：

思索 洒洒 洒扫 飒飒 色素 瑟瑟 搜索 三思 森森
僧俗 酥松 诉讼 速算 簌簌 琐碎 随俗 松散 送丧

五、声母发音辨正练习

(一)b—p 的辨正练习

1. 单音节字词辨正练习：

八—趴 博—婆 白—排 倍—佩 包—抛 半—盼 奔—喷
棒—胖 崩—抨 鼻—皮 憋—瞥 鳔—票 变—骗 斌—拼
兵—乒 补—普

2. 多音节词语练习：

扒皮 摆拍 摆平 般配 帮派 绑票 爆破 北漂 背叛
被迫 奔跑 比配 比拼 编排 鞭炮 变频 标牌 表盘
表皮 宾朋 并排 补票 不配 不平 布匹 拍板 排比
牌匾 派别 攀比 叛变 旁白 旁边 磅礴 跑步 炮兵
陪伴 赔本 配备 蓬勃 批办 批驳 批捕 皮包 疲惫
疲敝 漂泊 拼搏 平白 平版 平辈 评比 评标 破败

(二)d—t 的辨正练习

1. 单音节字词辨正练习：

搭—他 得—特 代—太 得—忒 道—套 斗—透 单—瘫

挡—躺　低—梯　跌—贴　掉—跳　点—舔　顶—挺　度—兔
多—脱　队—退　端—湍　蹲—吞　懂—桶

2. 多音节词语练习：

搭台　洞天　答题　大堂　殿堂　掉头　打铁　顶替　大头
顶天　打通　大腿　歹徒　当天　低碳　导体　低糖　低头
电台　地摊　电梯　到头　地铁　电筒　倒贴　地图　代替
得体　动态　掉头　动听　独特　独吞　灯塔　灯台　塔吊
梯队　胎动　逃遁　台灯　特点　天道　泰斗　特定　天敌
腾达　剃度　田地　停顿　铁定　通敌　偷盗　铁道　通牒

（三）g—k 的辨正练习

1. 单音节字词辨正练习：

尕—卡　个—课　改—凯　给—剋　搞—考　沟—抠　敢—槛
跟—肯　杠—炕　更—坑　故—库　瓜—夸　过—扩　怪—快
贵—愧　管—款　棍—困　光—筐　汞—孔

2. 多音节词语练习：

改刊　改口　概况　概括　干咳　干渴　干枯　赶考　赶快
感慨　感愧　钢盔　高考　高空　隔空　工科　工矿　公开
公筷　公款　功课　孤苦　顾客　挂靠　关口　观看　管控
光控　广阔　锅盔　国库　过客　开关　开光　开锅　凯歌
看管　看顾　考官　可观　可贵　客观　肯干　空港　空岗

（四）n—l 的辨正练习

1. 单音节字词辨正练习：

那—辣　讷—乐　耐—赖　内—累　脑—老　耨—楼　男—篮
囊—狼　能—棱　你—理　聂—列　尿—料　扭—柳　念—恋
您—林　酿—亮　宁—零　怒—路　挪—罗　暖—卵　农—龙
女—铝　虐—略

2. 多音节词语练习：

哪里　那里　纳凉　奶酪　耐劳　耐力　脑力　内里　内力
内敛　内陆　内乱　能力　能量　逆流　年历　年龄　年轮
农林　浓烈　奴隶　努力　女郎　女流　暖帘　暖流　来年
烂泥　老衲　老年　老农　冷凝　冷暖　理念　历年　利尿

连年　粮农　林农　凌虐　留念　流年　遛鸟　落难　辽宁

（五）f—h 的辨正练习

1. 单音节字词辨正练习：

发—哈　肥—回　否—吼　饭—汗　粉—很　房—航　逢—横　腐—虎

2. 多音节词语练习：

发汗　发黑　发话　发慌　发货　发火　番号　反话　反悔
返航　繁华　防寒　防护　防洪　匪患　匪祸　分毫　分号
分红　粉红　风寒　奉还　佛号　俘获　腐化　复航　复合
富豪　海防　海风　含服　毫发　耗费　浩繁　何妨　核发
横幅　后福　护法　花粉　花房　花费　华发　画符　恢复

（六）j—q—x 的组合练习

1. j—q 的组合练习

机器　机枪　技巧　汲取　极其　急切　记取　加强　佳期
家禽　甲壳　甲醛　假期　坚强　减轻　健全　奖券　降旗
郊区　接洽　接亲　街区　节气　结亲　截取　解气　金秋
金曲　紧俏　紧缺　锦旗　尽情　近期　近亲　禁区　惊奇
精确　景区　就寝　俱全　奇迹　契机　期间　迄今　奇景
切记　敲击　秋季　求救　前进　强劲　清静　请假　穷尽

2. j—x 的组合练习

机械　积蓄　吉祥　极限　急需　纪行　技校　继续　家训
假象　驾校　坚信　艰险　检修　见效　间隙　间歇　奖项
交心　叫响　叫嚣　接线　接续　揭晓　街巷　街心　节选
结项　戒心　界限　细节　喜剧　袭击　细菌　喜酒　下降
夏季　邪教　谢绝　孝敬　新建　新进　心境　信件　心悸
橡胶　相聚　详解　详尽　相距　刑警　兴建　虚假　许久

3. q—x 的组合练习

期限　器械　气象　气血　齐心　求学　谦虚　前行　前线
潜心　迁徙　侵袭　勤学　清晰　情绪　倾向　倾斜　庆幸
取消　曲线　缺陷　确信　权限　全校　全心　群星　吸取
喜庆　稀缺　戏曲　习气　辖区　下棋　校区　秀气　绣球

休憩	嫌弃	先前	限期	线圈	先驱	心情	新奇	辛勤
想起	向前	象棋	兴趣	星球	性情	需求	学期	学区

(七)j—z 的辨正练习

1. 单音节字词辨正练习：

机—资	假—咋	节—责	交—遭	九—走	剑—赞	紧—怎
江—脏	静—赠	居—租	军—尊	卷—攥	炯—总	

2. 多音节词语练习：

机组	积攒	基座	激增	急躁	集资	记载	继子	夹杂
夹子	家贼	家资	家族	甲子	假造	架子	尖子	奸贼
减灾	简则	见责	间杂	间作	建造	健在	健走	毽子
讲座	降噪	骄纵	骄躁	娇子	节奏	结扎	金子	尽责
径自	静坐	镜子	九族	酒醉	巨资	巨作	句子	拒载
剧组	剧作	捐赠	捐资	卷宗	君子	杂技	杂交	杂居

(八)q—c 的辨正练习

1. 单音节字词辨正练习：

骑—词	掐—擦	窃—册	巧—草	求—凑	千—参	琴—岑
强—藏	情—层	驱—粗	群—存	劝—窜	穷—从	

2. 多音节词语练习：

七彩	凄惨	其次	起草	气层	钱财	潜藏	切磋	青菜
青草	清仓	情操	请辞	屈从	驱策	屈才	取材	全才
猜拳	才气	才情	财权	采取	菜畦	菜青	餐券	残棋
残缺	苍穹	草签	词曲	瓷器	此前	从前	凑齐	凑巧

(九)x—s 的辨正练习

1. 单音节字词辨正练习：

西—斯	吓—飒	谢—色	小—扫	修—搜	现—散	新—森
向—丧	星—僧	徐—俗	熏—孙	炫—算		

2. 多音节词语练习：

息讼	稀松	喜丧	喜色	细丝	细碎	闲散	线索	乡思
相似	像素	消损	小僧	效死	心思	心酸	心算	行色
形似	凶死	羞涩	秀色	虚岁	玄孙	选送	雪松	血色

血丝 寻思 寻死 寻索 腮腺 赛项 三鲜 三弦 散戏
散心 扫兴 私心 私刑 私学 思绪 思想 死刑 死穴
死讯 松懈 送行 搜寻 苏醒 塑像 随想 随心 缩小

(十)j—zh 的辨正练习

1. 单音节字词辨正练习：
鸡—汁 假—眨 借—这 交—招 就—宙 间—沾 紧—诊
将—帐 景—整 举—煮 军—谆 娟—专

2. 多音节词语练习：
击掌 机制 基准 激战 吉兆 极致 极昼 急诊 急症
家宅 家长 家政 家装 假账 假肢 假装 价值 驾照
简装 见长 见证 建制 建筑 健壮 舰只 鉴证 讲桌
奖章 奖状 降职 交织 交战 交账 浇筑 焦灼 角质
介质 戒指 借助 今朝 金砖 紧张 尽职 进展 进账
斋戒 占据 战机 战绩 战舰 战局 章节 长进 涨价
真菌 枕巾 阵脚 震惊 征集 症结 整洁 正极 证据

(十一)q—ch 的辨正练习

1. 单音节字词辨正练习：
七—吃 掐—插 且—扯 桥—潮 秋—抽 千—掺 琴—陈
强—长 情—成 去—处 群—纯 全—船 穷—虫

2. 多音节词语练习：
凄楚 凄怆 齐楚 启程 起初 起床 气场 气喘 汽车
钦差 亲传 秦朝 青茶 青春 倾巢 清查 清场 清唱
球场 驱除 祛除 蛆虫 去除 去处 权臣 全称 全程
长期 长枪 唱腔 超期 超群 超前 潮气 沉潜 陈情
称奇 成器 成亲 成全 成群 呈请 城墙 城区 逞强
初秋 除去 除却 传奇 传情 喘气 吹气 春秋 纯情

(十二)x—sh 的辨正练习

1. 单音节字词辨正练习：
西—施 霞—啥 写—舍 笑—绍 修—收 显—陕 信—肾
向—上 星—生 徐—熟 训—顺 旋—涮

2. 多音节词语练习：

西式	吸收	悉数	稀少	稀释	稀疏	洗手	洗漱	喜事
戏耍	戏说	细沙	瞎说	下属	下水	仙逝	先生	闲事
现身	现实	乡绅	相商	相识	详实	享受	响声	向上
消失	销售	小时	邪说	心声	筛选	闪现	善心	伤心
赏析	上学	上旬	烧香	稍许	设想	涉嫌	摄像	身心
神仙	审讯	升学	生效	圣贤	盛行	师兄	施行	时效

（十三）r—l 的辨正练习

1. 单音节字词辨正练习：

热—乐	扰—老	柔—楼	染—懒	让—浪	仍—棱	如—炉
若—落	软—卵	润—论	容—龙			

2. 多音节词语练习：

燃料	染料	让利	让路	扰乱	热浪	热泪	热力	热恋
热量	热烈	热流	人类	人力	人流	认领	日历	容量
容留	熔炉	蹂躏	肉瘤	如来	儒林	入殓	入列	入流
软肋	锐利	来人	来日	老人	离任	礼让	历任	丽人
利刃	利润	例如	连任	连日	莲蓉	敛衽	恋人	良人
缭绕	了然	烈日	猎人	凛然	凌辱	留任	鹿茸	路人

（十四）z—zh 的辨正练习

1. 单音节字词辨正练习：

紫—纸	咋—眨	则—折	栽—摘	早—找	揍—皱	赞—站
怎—枕	脏—张	增—争	租—猪	昨—卓	最—坠	钻—专
尊—谆	总—肿					

2. 多音节词语练习：

杂症	杂质	栽植	再者	在职	赞助	增长	增殖	资质
资助	自制	自重	自主	自传	宗旨	组织	最终	罪证
尊重	遵照	作战	作者	坐镇	做主	张嘴	章则	掌嘴
招灾	招租	沼泽	罩子	褶子	疹子	振作	赈灾	正在
正宗	知足	侄子	职责	制造	制作	治罪	种子	种族
竹子	主宰	住嘴	驻足	著作	铸造	专座	转载	转赠

（十五）c—ch 的辨正练习

1. 单音节字词辨正练习：

次—翅　擦—插　测—撤　猜—拆　曹—潮　凑—臭　惨—铲
岑—琛　藏—常　层—成　粗—出　错—辍　催—吹　窜—串
村—春　从—虫

2. 多音节词语练习：

菜场　餐车　操场　草场　测查　辞呈　磁场　促成　催产
存储　痤疮　错处　差错　长辞　场次　唱词　车次　陈醋
成材　吃醋　尺寸　冲刺　抽测　筹措　出彩　出差　储藏
储存　揣测　穿刺　船舱　纯粹　蠢材

（十六）s—sh 的辨正练习

1. 单音节字词辨正练习：

思—师　洒—傻　涩—设　赛—晒　扫—少　搜—收　三—山
森—深　桑—伤　僧—声　素—树　缩—说　碎—睡　酸—栓
损—吮

2. 多音节词语练习：

赛事　桑葚　丧生　丧失　扫视　私事　厮杀　死伤　死神
松手　松鼠　讼师　送审　搜身　诉述　诉说　素食　素数
速食　宿舍　塑身　算术　虽说　随时　随手　损伤　损失
缩手　琐事　上诉　上溯　哨所　申诉　深思　深邃　神色
神思　神似　神速　神算　生涩　生死　绳索　胜似　胜诉
胜算　失散　失色　失算　石锁　时速　誓死　寿司　受损

第三章　韵　　母

一、什么是韵母

韵母指汉语音节中声母后面的部分(不包括声调)，现代汉语普通话中共有 39 个韵母。韵母由韵头、韵腹和韵尾三个部分组成，但并非所有韵母都包含这三个部分。韵腹是韵母的必要组成部分，有些音节中不包含韵头和韵尾。当一个韵母仅由一个元音组成，那么这个元音就是它的韵腹；当一个韵母由两个或三个元音组成时，开口度最大的元音为韵腹，韵腹前的元音为韵头，韵腹后的元音或辅音为韵尾。

二、韵母的分类

韵母根据语音结构，可分为两类；根据汉语的传统四呼，可分为四类。

(一)根据语音结构分类

根据语音结构，可以将韵母分为单韵母和复韵母两类。复韵母中包括二合韵母、三合韵母和鼻韵尾韵母三类。而鼻韵尾韵母又可进一步分为前鼻韵尾韵母和后鼻韵尾韵母两类。

1. 单韵母：由单个音素组成的韵母称为单韵母，普通话中有十个单韵母，分别是：ɑ，o，e，ê，i，u，ü，-i(前)，-i(后)，er。

2. 二合韵母：由两个音素组成的复合韵母，普通话中有九个二合韵母，其中前响二合韵母四个：ɑi，ei，ɑo，ou；后响二合韵母五个：iɑ，ie，uɑ，uo，üe。

3. 三合韵母：由三个音素组成的复合韵母，普通话中有四个三合韵母，分别是 iɑo，iou，uɑi，uei，三合韵母均为中响韵母。

4. 鼻韵尾韵母：由 n 和 ng 两个鼻辅音作为韵尾的复合韵母，普通话中有十六个鼻韵尾韵母，其中前鼻韵尾韵母有八个：an，en，in，ian，uan，uen，ün，üan；后鼻韵尾韵母有八个：ang，eng，ong，iang，uang，ueng，iong，ing。

(二)根据传统四呼分类

根据汉语语音的传统四呼，韵母可分为开口呼、齐齿呼、合口呼和撮口呼四类。

1. 开口呼：指没有韵头，发音时开口度较大的韵母。普通话韵母中有十五个开口呼，分别是：a，o，e，ai，ei，ao，ou，an，en，ang，eng，ê，-i(前)，-i(后)、er。

2. 齐齿呼：指韵头或韵腹是i，发音时主要靠上下齿并齐的韵母。普通话韵母中有九个齐齿呼，分别是：i，ia，ie，iao，iou，ian，in，iang，ing。

3. 合口呼：指韵头或韵腹是u，发音时圆唇的韵母。普通话韵母中有十个合口呼，分别是：u，ua，uo，uai，uei，uan，uen，uang，ueng，ong。韵母ong虽然韵腹为o，但在发音时，不同于单元音o，而是介于o和u之间且更接近u，因此被归为合口呼。

4. 撮口呼：指韵头或韵腹是ü，发音时双唇撮起的韵母。普通话韵母中有五个撮口呼，分别是：ü，üe，ün，üan，iong。韵母iong虽然韵头为i，但在发音时，i受到后面o的影响，i的发音介于i和ü之间且更接近ü，因此被归为撮口呼。

三、韵母的发音

(一)单韵母的发音条件

普通话的单韵母发音主要取决于舌位高低、舌位的前后和唇形三个因素。根据不同的发音，舌位的高低可分为高、半高、半低、低四种；舌位的前后可分为前、央、后三种；唇形可分为圆唇、不圆唇两种。图3-1较为形象地展现了不同单韵母的舌位。

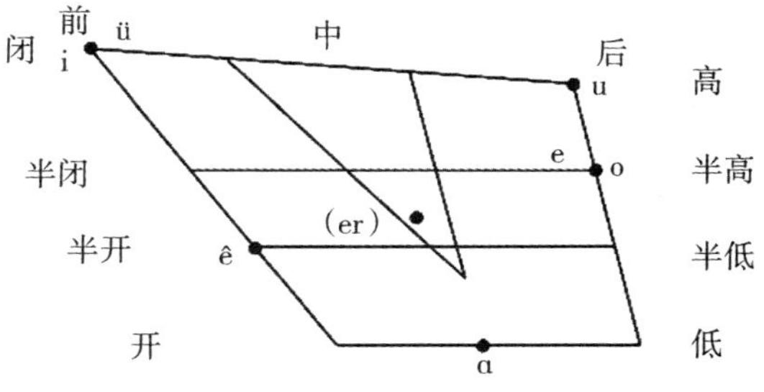

图3-1　舌面元音舌位图

也可根据发音条件列为以下简表(表3-1)：

表 3-1　单元音发音要领简表

分类 / 舌位（前、后） / 唇形 \ 唇形舌面高低（口腔开闭）	舌面元音					舌尖元音		卷舌元音
	前		央	后		前	后	央
	展	圆		展	圆			
高（闭）	i	ü			u			
半高（半闭）				e	o	-i（前）	-i（后）	
中（中）								er
半低（半开）	ê							
低（开）			ɑ					

（二）单韵母的发音

1. ɑ 的发音。

（1）发音要领：央低不圆唇元音。口腔打开，舌保持自然放松状态处于口腔最低部，舌尖接触下齿龈，双唇自然展开。发音时，声带振动，软腭微微向上抬，关闭鼻腔通路。

（2）单音节字词练习：

八　拔　把　罢　趴　爬　怕　发　罚　法　发*
搭　答　打　大　他　塔　踏　拿　哪　那　拉
剌　喇　辣　噶　尕　尬　咖　卡　哈　蛤　扎
札　眨　炸　插　查　衩　差　沙　啥　傻　煞
咂　砸　咋　擦　仨　洒　飒

（标有＊的“发”为多音字，在这里读作“fà”。例词：毛发。）

（3）多音节词语练习：

爸爸　妈妈　麻辣　麻纱　马达　发达　发蜡　耷拉　打靶
打岔　打发　大巴　大妈　大厦　他杀　邋遢　腊八　哈达

2. o 的发音。

（1）发音要领：后半高圆唇元音。口腔半闭，双唇自然圆拢，舌面两边微微卷起，中部稍凹，后部隆起，舌体向后缩。发音时，声带振动，软腭上升抬起，关闭鼻腔通路。

（2）单音节字词练习：

播	博	跛	簸	坡	婆	叵	破	摸	魔	抹	墨
佛											

(3)多音节词语练习：

伯伯	勃勃	泼墨	婆婆	脉脉

3. e的发音。

(1)发音要领：后半高不圆唇元音。口腔半闭，嘴角向两边微展，舌面两边微卷，中部稍凹，后部隆起，舌体向后缩。发音时，声带振动，软腭抬起，关闭鼻腔通路。

(2)单音节字词练习：

么	的	德	特	呢	讷	乐	歌	格	葛	个	科
壳	可	课	喝	和	褐	遮	折	褶	这	车	扯
撤	奢	蛇	舍	设	惹	热	则	测	色		

(3)多音节词语练习：

特色	特赦	割舍	隔阂	隔热	各色	苛责	呵呵	合格
折射	这个	车辙	色泽	瑟瑟				

4. ê的发音。

(1)发音要领：前半低不圆唇元音。口腔半开，嘴角向两边微展，舌尖轻触下齿背，舌面前部隆起。发音时，声带振动，软腭抬起，关闭鼻腔通路。

(2)单音节字词练习：

欸

5. i的发音。

(1)发音要领：前高不圆唇元音。口腔开度小，嘴角向两边展平，舌尖轻触下齿背，舌面前部隆起。发音时，声带振动，软腭抬起，关闭鼻腔通路。

(2)单音节字词练习：

逼	鼻	比	壁	批	皮	匹	譬	眯	迷	米	秘
低	敌	底	地	梯	提	体	替	妮	泥	拟	腻
哩	梨	里	力	鸡	及	几	记	七	其	起	气
西	席	洗	细								

(3)多音节词语练习：

比例	笔迹	鄙弃	鄙夷	裨益	避忌	披靡	霹雳	迷离
迷你	谜底	秘密	密闭	低迷	敌意	底细	砥砺	地基
地理	地契	提及	提议	体系	匿迹	厘米	礼仪	力臂
立即	立体	利器	例题	机器	激励	基地	极地	极力

及其　栖息　凄厉　漆器　奇迹　歧义　企及　起笔　起立
起义　气息　契机　蜥蜴　袭击　洗涤　戏迷　细腻　仪器

6. u的发音。

(1)发音要领：后高圆唇元音。口腔开度小，双唇拢起形成一个小圆形，舌位向后缩，舌面后部高度隆起。发音时，声带振动，软腭抬起，关闭鼻腔通路。

(2)单音节字词练习：

逋　醭　补　步　扑　菩　普　铺　母　木　夫　服
辅　富　嘟　读　赌　度　突　图　土　兔　奴　努
怒　撸　炉　鲁　路　姑　谷　故　哭　苦　酷　猪
竹　主　祝　初　除　楚　触　书　塾　鼠　树　如
乳　入　租　族　组　粗　醋　苏　俗　速

(3)多音节词语练习：

补足　哺乳　匍匐　朴素　瀑布　目录　扶助　服务　幅度
辅路　腐乳　腐竹　妇孺　附属　富庶　督促　独处　独舞
读物　突兀　徒步　土著　奴仆　颅骨　路途　露骨　露珠
辜负　古都　鼓舞　雇主　户主　侏儒　主厨　瞩目　住宿
注目　著述　出入　出土　初步　触目　书屋　倏忽　输出
输入　束缚　数目　入伍　入住　租户　族谱　祖父　粗布

7. ü的发音。

(1)发音要领：前高圆唇元音。口腔开度小，双唇拢起形成一个小圆，舌尖抵住下齿背，舌面前部拢起。发音时，声带振动，软腭抬起，关闭鼻腔通路。

(2)单音节字词练习：

女　驴　铝　绿　居　局　举　句　区　渠　娶　去
虚　徐　许　续　迂　鱼　雨　遇

(3)多音节词语练习：

女婿　旅居　缕缕　聚居　居于　局域　龃龉　区区　区域
趋于　须臾　徐徐　余裕　渔具　语句　语序　郁郁　豫剧

8. -i(前)的发音。

(1)发音要领：舌尖前不圆唇元音。口腔开度小，嘴角向两边平展，舌尖轻触下齿背，其后部与上齿背保持适当距离。发音时，声带振动，软腭抬起，关闭鼻腔通路。在汉语普通话中，该韵母只和z、c、s有拼合关系。

(2)单音节字词练习：

资　紫　字　疵　词　此　次　私　死　四

(3)多音节词语练习：

字词　自此　自私　子嗣　刺字　次子　此次　次次　赐死

9. -i(后)的发音。

(1)发音要领：舌尖后不圆唇元音。口腔开度小，嘴角向两边平展，舌尖抬起与硬腭形成缝隙。发音时，声带振动，软腭抬起，关闭鼻腔通路。在汉语普通话中，该韵母只和 zh，ch，sh，r 有拼合关系。

(2)单音节字词练习：

知　值　指　志　吃　迟　齿　赤　师　石　始　是　日

(3)多音节词语练习：

支持　知识　知事　执事　值日　指使　指示　吃食　迟滞
失实　时时　时势　时日　时事　实施　实时　实事　实质
史实　世事　市值　适时　逝世　誓师　日食　日志　智齿

10. er 的发音。

(1)发音要领：卷舌元音。口腔自然打开，舌位自然适中，舌前部上抬，舌尖向后略卷，与硬腭形成缝隙。发音时，声带振动，软腭抬起，关闭鼻腔通路。er 在去声时，读成 ar。

(2)单音节字词练习：

儿　耳　二

(3)多音节词语练习：

儿歌　儿科　儿化　儿女　儿时　儿孙　儿童　儿戏　而后
而今　而且　而已　尔耳　尔后　耳垂　耳边　耳福　耳根
耳环　耳力　耳目　耳塞　耳熟　耳闻　二百　二胡　二战

(三)二合韵母的发音

1. ai 的发音。

(1)发音要领：前响二合韵母。和单韵母 a 相比，ai 中的 a 所处的位置要偏前，起音后，舌位向 i 的方向滑动但不到 i，双唇由开到半关。

(2)单音节字词练习：

掰　白　百　拜　拍　排　派　埋　买　卖　呆　歹
代　胎　抬　太　奶　耐　来　赖　该　改　盖　开

凯　忾　还　海　害　摘　宅　窄　债　拆　柴　筛
晒　栽　宰　再　猜　才　踩　菜　塞　赛

（3）多音节词语练习：

皑皑　蔼蔼　爱戴　白菜　拜拜　摆拍　拍卖　买卖　抬爱
太太　奶奶　开采　开拍　开赛　开斋　海菜　海带　海派
摘牌　择菜　拆台　灾害　采买　采摘　彩带　彩排　百态

2. ei 的发音。

（1）发音要领：前响二合韵母。和单韵母 e 相比，ei 中的 e 所处的位置要偏后偏低，起音后，舌位向 i 的方向滑动但不到 i。

（2）单音节字词练习：

杯　北　倍　胚　陪　配　没　每　妹　飞　肥　翡
费　得　忒　馁　内　雷　磊　类　给　黑　这　谁
贼

（3）多音节词语练习：

配备　妹妹　肥美　霏霏　累累　嘿嘿

3. ao 的发音。

（1）发音要领：前响二合韵母。a 处比较靠后的位置，舌位较高，归音时唇形接近 u。

（2）单音节字词练习：

包　薄　宝　爆　抛　刨　跑　炮　猫　毛　卯　冒
刀　岛　道　涛　逃　讨　套　孬　挠　脑　闹　捞
劳　老　烙　高　搞　告　尻　考　靠　蒿　豪　好
号　招　着　找　照　超　潮　吵　烧　勺　少　哨
饶　扰　绕　遭　凿　早　造　操　曹　草　骚　扫
臊

（3）多音节词语练习：

宝宝　宝刀　宝岛　宝号　报导　报道　报告　报考　暴躁
爆炒　跑道　毛糙　毛桃　茅草　导报　祷告　道袍　稻草
叨扰　滔滔　讨好　讨饶　套牢　劳保　牢靠　醪糟　老巢
老道　老少　姥姥　高傲　高潮　高考　高烧　告饶　犒劳
毫毛　嚎啕　好好　号召　招考　抄报　吵闹　吵扰　烧烤
稍稍　绕道　糟糕　凿凿　早稻　操劳　草包　草稿　草帽

4. ou 的发音。

(1)发音要领：前响二合韵母。o 的发音比单元音韵母 o 舌位稍靠后且略高。唇形没有单元音韵母 o 圆，舌尖轻触下齿背，舌位比单元音韵母稍靠后。u 的开口度比单元音韵母 u 略大，唇形比 u 略扁，发音较短。

(2)单音节字词练习：

剖	哞	谋	某	否	兜	抖	斗	偷	头	透	瞜
楼	搂	漏	沟	狗	够	抠	口	叩	齁	猴	吼
后	周	轴	肘	咒	抽	愁	丑	臭	收	熟	手
受	揉	肉	邹	走	揍	凑	馊	叟	嗽		

(3)多音节词语练习：

某某	兜售	抖擞	斗殴	豆蔻	偷偷	头筹	透漏	漏斗
露丑	露头	佝偻	口臭	口授	口头	叩首	叩头	扣肉
喉头	后手	后头	绸缪	丑陋	收手	守候	走狗	欧洲

5. iɑ 的发音。

(1)发音要领：后响二合韵母。i 的发音受到 ɑ 的影响，比单元音韵母 i 舌位略低，ɑ 的发音由于受到 i 的影响，比单元音韵母 ɑ 舌位靠前。

(2)单音节字词练习：

哆	俩	家	夹	假	价	掐	卡	恰	瞎	霞	吓
压	牙	雅	亚								

(3)多音节词语练习：

压价	加压	假牙	加价	掐架	恰恰	下家	下架

6. ie 的发音。

(1)发音要领：后响二合韵母。i 的发音与单元音韵母 i 几乎相同，e 的舌位比 ei 中的 e 略低一些。

(2)单音节字词练习：

憋	别	瘪	瞥	撇	咩	灭	跌	碟	贴	铁	帖
捏	聂	咧	列	接	截	姐	借	切	且	妾	些
鞋	写	谢	椰	爷	也	夜					

(3)多音节词语练习：

喋喋	贴切	铁鞋	趔趄	接界	节烈	结节	姐姐	戒牒
界别	窃窃	谢谢	冶铁	业界	爷爷			

7. uɑ 的发音。

(1)发音要领：后响二合韵母。ɑ 的口型要比单元音韵母 ɑ 略圆。由于受到 u 的影响，ɑ 在终止时的位置比单元音韵母 ɑ 略靠后。

(2)单音节字词练习：

瓜 寡 挂 夸 垮 跨 花 滑 话 抓 爪 歘
刷 耍 拨 挖 娃 瓦 袜

(3)多音节词语练习：

挂画 娃娃 耍滑 画画

8. uo 的发音。

(1)发音要领：后响二合韵母。u 的发音比单元音韵母 u 唇形略大且短，o 的发音比单元音韵母 o 开口度略小。

(2)单音节字词练习：

多 夺 朵 跺 脱 驮 妥 唾 挪 诺 啰 罗
裸 落 锅 国 果 过 扩 豁 活 火 货 桌
浊 戳 绰 说 朔 若 嘬 昨 左 做 搓 痤
脞 错 缩 所 窝 我 卧

(3)多音节词语练习：

多说 咄咄 堕落 脱落 哆嗦 国货 过错 过火 活捉
火锅 啰嗦 骆驼 坐落 落座 挪窝 懦弱 硕果 锁国
脱落 窝火 着落 做作 错过 错落 蹉跎 阔绰 罗锅

9. üe 的发音。

(1)发音要领：后响二合韵母。ü 的发音较短，e 的发音与 ie 中的 e 发音相同。

(2)单音节字词练习：

虐 掠 撅 绝 缺 瘸 确 薛 学 雪 血 约
月

(3)多音节词语练习：

决绝 缺略 约略 雀跃

(四)三合韵母的发音

1. iɑo 的发音。

(1)发音要领：中响三合韵母。舌位由前高元音 i 向后低元音 ɑ 的方向滑动，然后再滑向后元音 o 的方向。i 的舌位比单元音韵母 i 略高，由于受到 i 的影响，ɑ 的舌位也比单元音韵母 ɑ 略高。

(2)单音节字词练习：

标	表	鳔	飘	瓢	瞟	票	喵	苗	秒	妙	雕
掉	挑	条	窕	跳	鸟	尿	撩	聊	了	料	交
嚼	搅	叫	敲	瞧	巧	俏	消	淆	小	笑	腰
遥	咬	要									

(3)多音节词语练习：

缥缈	苗条	秒表	渺小	吊桥	吊销	吊孝	掉膘	挑脚
迢迢	调教	调料	袅袅	疗效	寥寥	了了	料峭	娇小
角票	佼佼	脚镣	叫嚣	教条	飘摇	悄悄	巧妙	俏销
萧条	潇潇	逍遥	小调	小票	小巧	小瞧	笑料	窈窕

2. iou 的发音。

(1)发音要领：中响三合韵母。舌位由前高元音 i 向后低元音 o 方向滑动，然后再向 u 方向抬起，但实际归音不完全到达 u。书写时，一般省略韵腹 o，写作 iu。

(2)单音节字词练习：

谬	丢	妞	牛	扭	拗	溜	留	柳	六	究	久
就	秋	求	糗	休	秀	优	油	有	又		

(3)多音节词语练习：

舅舅	赳赳	久久	旧友	求救	秋游	修旧	悠久	有救
优秀	悠悠	牛油	牛柳	琉球	流油			

3. uai 的发音。

(1)发音要领：中响三合韵母。舌位由后高元音 u 向前低元音 ɑ 方向滑动，再向 i 方向抬起，但实际归音不完全到达 i。由于受到 u 的影响，ɑ 的发音要比单元音韵母 ɑ 略圆。

(2)单音节字词练习：

乖	拐	怪	快	怀	坏	拽	揣	踹	衰	甩	帅
歪	崴	外									

(3)多音节词语练习：

乖乖	外踝	外快	怀揣

4. uei 的发音。

(1)发音要领：中响三合韵母。舌位由后高元音 u 滑向前低元音 e，然后抬起向 i 的方向，但实际归音不完全到达 i。uei 中 ei 的发音与二合复韵母 ei 相同。书写时，一般省略韵腹 e，写作 ui。

（2）单音节字词练习：

堆　队　推　颓　腿　退　归　轨　贵　亏　奎　跬
匮　灰　回　毁　会　追　坠　吹　锤　谁　水　税
蕊　锐　嘴　最　催　脆　虽　随　髓　岁　微　维
伟　味

（3）多音节词语练习：

退回　退税　推诿　退位　归队　归回　归位　睽睽　溃退
愧悔　愧为　恢恢　回归　回馈　悔罪　汇兑　汇水　会徽
荟萃　回味　追悔　追随　坠毁　嘴碎　追尾　摧毁　翠微
卫队　违规　畏罪　尾随　巍巍

（五）鼻韵母的发音

1. an 的发音。

（1）发音要领：前鼻韵母。由于受到鼻韵母 n 的影响，a 的位置要比单元音韵母 a 靠前。归音时，舌面前部与硬腭前部接触阻断气流。

（2）单音节字词练习：

安　俺　按　班　板　半　潘　盘　盼　馒　满　慢
翻　烦　反　饭　单　胆　淡　瘫　谈　毯　探　男
腩　难　懒　烂　甘　敢　干　刊　坎　看　憨　含
喊　汗　沾　展　站　搀　馋　产　颤　山　陕　善
然　染　簪　咱　攒　赞　参　蚕　惨　灿　三　伞
散

（3）多音节词语练习：

斑斑　斑斓　办案　攀谈　盘缠　蹒跚　帆板　翻案　翻版
翻番　翻盘　反感　反叛　反贪　反弹　犯案　犯难　泛泛
泛滥　单产　单单　单干　眈眈　胆敢　淡然　摊贩　谈判
探班　探勘　难堪　栏杆　篮板　篮坛　懒汉　懒散　干饭
干旱　甘蓝　感染　感叹　勘探　侃侃　看板　酣然　寒蝉
沾染　展览　战犯　湛蓝　潺潺　闪闪　善战　赞叹　参半
参禅　参赞　惨案　灿烂　安然　案犯　暗探　黯淡　黯然

2. en 的发音。

(1)发音要领：前鼻韵母。先发出 e 的音，然后舌面前部与硬腭前部接触阻断气流形成鼻音，e 的舌位比单元音韵母 e 略靠前。

(2)单音节字词练习：

恩	摁	奔	本	笨	喷	盆	闷	门	焖	们	分
坟	粉	愤	扽	嫩	根	亘	肯	裉	痕	很	恨
真	枕	镇	琛	陈	趁	深	神	沈	肾	人	忍
认	怎	参	森								

(3)多音节词语练习：

喷粪	分神	根本	甄审	真人	沉闷	身份	深沉	人们
瘟神	文本	纹身	问诊	闻人	文人			

3. in 的发音。

(1)发音要领：前鼻韵母。舌尖抵住下齿背发出 i 的音，然后舌面前部与硬腭前部接触阻断气流形成鼻音。

(2)单音节字词练习：

斌	鬓	拼	贫	品	聘	民	敏	您	拎	林	凛
金	仅	近	亲	琴	沁	新	信	音	银	引	印

(3)多音节词语练习：

彬彬	濒临	拼音	贫民	频频	民品	民心	邻近	粼粼
凛凛	斤斤	仅仅	紧邻	近邻	近亲	近因	亲近	亲临
亲民	亲信	亲眼	勤谨	心音	辛勤	欣欣	新进	新品
薪金	信心	音频	音信	殷殷	引进	引信	饮品	隐隐

4. ian 的发音。

(1)发音要领：前鼻韵母。舌位由前高元音 i 向 ɑ 的方向滑动。ɑ 的舌位比单元音韵母 ɑ 略高且略靠前。归音时，舌面前部与硬腭前部接触阻断气流。

(2)单音节字词练习：

边	贬	变	偏	骈	骗	棉	免	面	颠	点	店
天	填	舔	蔫	年	撵	念	连	脸	恋	坚	捡
件	千	钱	浅	欠	先	贤	显	县	烟	严	演
验											

(3)多音节词语练习：

边检	编年	便笺	偏见	绵延	棉签	棉线	免检	免签

免验 腼腆 癫痫 碘盐 电线 电唁 店面 惦念 天边
天年 天险 天线 甜点 年检 年鉴 年限 连绵 连年
连篇 连天 连线 脸面 艰险 检验 减免 简便 简练
渐变 谏言 牵连 牵线 前年 前天 前嫌 前沿 浅见
浅显 先前 先天 先贤 鲜艳 闲钱 咸盐 显现 沿线

5. uan 的发音。

(1)发音要领：前鼻韵母。舌位由后高元音 u 向 a 的方向滑动。a 的舌位比单元音韵母 a 略高且略靠前。归音时，舌面前部与硬腭前部接触阻断气流。

(2)单音节字词练习：

端 短 段 湍 团 暖 孪 卵 乱 关 管 惯
宽 款 欢 还 缓 换 专 转 赚 穿 船 喘
串 栓 涮 软 钻 纂 钻 蹿 攒 窜 酸 算
弯 完 碗 万

(3)多音节词语练习：

官宦 贯穿 贯串 宦官 专断 专款 转换 传唤 酸软
万贯 婉转

6. uen 的发音。

(1)发音要领：前鼻音韵母。先发出 u 的发音，然后舌位向央元音 e 的方向滑动，最后舌面前部与硬腭前部接触阻断气流形成鼻音，e 的舌位比单元音韵母 e 略靠前。书写时，一般省略韵腹 e，写作 un。

(2)单音节字词练习：

蹲 顿 吞 屯 抡 轮 论 滚 棍 坤 捆 困
婚 魂 混 谆 准 春 纯 蠢 吮 顺 润 尊
村 存 寸 孙 损 温 闻 稳 问

(3)多音节词语练习：

伦敦 论文 滚滚 滚轮 昆仑 困顿 混沌 馄饨 浑浑
春笋 春运 蠢蠢 谆谆 稳准 温顺 温润 温存 文存

7. ün 的发音。

(1)发音要领：前鼻韵母。先发出 ü 的发音，然后舌面前部与硬腭前部接触阻断气流形成鼻音，ü 的唇形比单元音韵母 ü 略扁平。

(2)单音节字词练习：

军 竣 逡 裙 勋 寻 训 晕 云 陨 运

（3）多音节词语练习：

菌群　军训　均匀　逡巡　芸芸

8. üan 的发音。

（1）发音要领：前鼻韵母。舌位由前高元音 ü 滑向 a 处。a 的舌位比单元音韵母 a 略高且略靠前。归音时，舌面前部与硬腭前部接触阻断气流。

（2）单音节字词练习：

捐　卷　倦　圈　权　犬　劝　宣　悬　选　炫　渊
原　远　愿

（3）多音节词语练习：

渊源　圆圈　源泉　源源　全权　全选　全员　轩辕

9. ang 的发音。

（1）发音要领：后鼻音韵母。先发出 a 的音，由于受到后鼻音 ng 的影响，a 的发音比单元音韵母 a 靠后。然后舌根向后上方抬起与软腭接触阻断口腔气流，使气流从鼻腔通过。

（2）单音节字词练习：

肮　昂　盎　帮　绑　棒　乓　旁　榜　胖　忙　莽
方　房　仿　放　当　挡　档　汤　糖　躺　烫　囔
馕　攮　齉　啷　狼　郎　浪　刚　港　杠　康　扛
抗　夯　航　沆　张　掌　账　昌　长　场　唱　伤
赏　上　嚷　瓤　壤　让　脏　葬　仓　藏　桑　搡
丧

（3）多音节词语练习：

帮忙　方丈　当场　党章　螳螂　烫伤　浪荡　刚刚　纲常
行当　张榜　常常　怅惘　商行　上方　苍苍　苍茫　肮脏

10. eng 的发音。

（1）发音要领：后鼻音韵母。先发出后半高不圆唇元音 e，然后舌根向后上方抬起与软腭接触阻断口腔气流，使气流从鼻腔通过。

（2）单音节字词练习：

鞥　崩　甭　绷　蹦　抨　朋　捧　碰　蒙　萌　猛
梦　风　逢　讽　凤　登　等　邓　熥　疼　能　[illegible]
棱　冷　愣　耕　梗　更　坑　哼　横　争　整　证
撑　成　逞　秤　声　绳　省　圣　扔　仍　增　赠

层 蹭 僧

(3)多音节词语练习：

萌生 蒙蒙 丰登 丰盛 风能 风声 风筝 奉承 腾升
腾腾 冷风 更生 更正 耿耿 坑蒙 吭声 横生 争胜
征程 铮铮 政风 承蒙 生成 生冷 声称 省城 增生

11. ong的发音。

(1)发音要领：后鼻音韵母。先发出比后元音u略低的u音，然后舌根向后上方抬起与软腭接触阻断口腔气流，使气流从鼻腔通过。

(2)单音节字词练习：

东 懂 动 通 铜 桶 痛 农 弄 隆 龙 陇
工 拱 共 空 孔 控 轰 红 哄 中 肿 种
充 重 宠 冲 容 冗 宗 总 纵 聪 从 松
耸 讼

(3)多音节词语练习：

东宫 动工 动容 通红 通融 通通 瞳孔 统统 农工
浓重 脓肿 龙钟 隆冬 隆隆 笼统 工种 公共 共同
共通 空洞 空中 恐龙 轰动 轰隆 中东 冲动 充公
淙淙 溶洞 总共 纵容 葱葱 从戎 从冢 松动 送终

12. ing的发音。

(1)发音要领：后鼻音韵母。先发出前高元音i，然后舌根向后上方抬起与软腭接触阻断口腔气流，使气流从鼻腔通过。

(2)单音节字词练习：

冰 丙 病 乒 平 明 酩 命 丁 顶 定 听
停 挺 梃 宁 拧 佞 零 领 另 经 景 静
清 情 请 庆 星 行 擤 性 英 赢 影 硬

(3)多音节词语练习：

冰晶 兵营 秉性 病情 平定 平行 明镜 明令 冥冥
命令 命名 定情 定型 定性 听命 听凭 亭亭 宁静
伶仃 灵性 聆听 菱形 零丁 零星 领命 领情 另行
经营 惊醒 精兵 精灵 精明 精英 警省 轻盈 倾情
清净 蜻蜓 情景 请命 庆幸 刑警 行径 行星 行刑
性命 性情 姓名 荧屏 影评 影星 应景 硬挺 硬性

13. iang 的发音。

(1)发音要领：后鼻音韵母。先发出前高元音 i，然后舌位由 i 向后低元音 ɑ 的方向滑动，最后舌根向后上方抬起与软腭接触阻断口腔气流，使气流从鼻腔通过。

(2)单音节字词练习：

娘　酿　良　两　亮　江　讲　酱　腔　强　抢　呛
香　降　想　象　央　杨　养　样

(3)多音节词语练习：

娘娘　粮饷　两江　两厢　亮相　奖项　强项　踉跄　相向
响亮　想象　向阳　像样　泱泱　洋相　洋洋

14. uang 的发音。

(1)发音要领：后鼻音韵母。先发出后高元音 u，之后舌位由 u 向低元音 ɑ 的方向滑动，然后舌根向后上方抬起与软腭接触阻断口腔气流，使气流从鼻腔通过。

(2)单音节字词练习：

光　广　逛　筐　狂　旷　慌　黄　谎　晃　装　状
窗　床　闯　创　双　爽　汪　王　网　忘

(3)多音节词语练习：

矿床　框框　惶惶　装潢　状况　幢幢　双创　双簧　网状
往往　汪汪

15. ueng 的发音。

(1)发音要领：后鼻音韵母。先发出后高元音 u，之后舌位由 u 滑动向央元音 e 的方向滑动，然后舌根向后上方抬起与软腭接触阻断口腔气流，使气流从鼻腔通过。

(2)单音节字词练习：

翁　蓊　瓮

(3)多音节词语练习：

老翁　小瓮儿

16. iong 的发音。

(1)发音要领：后鼻音韵母。先发出元音 i，由于 i 受到圆唇 o 的影响，其展唇程度比展唇元音 i 小，且发音更接近于 ü。然后舌位向比半高元音 o 略高的 o 方向滑动，最后舌根向后上方抬起与软腭接触阻断口腔气流，使气流从鼻腔通过。

(2)单音节字词练习：

窘　穷　兄　熊　拥　喁　永　用

(3)多音节词语练习：

炯炯　茕茕　汹汹　汹涌

四、韵母发音辨正练习

(一)o—e 的辨正练习

1. 单音节字词辨正练习：

摸—么　喔—鹅

2. 多音节词语练习：

波折　伯乐　泊车　博客　博得　薄荷　磨合　墨盒　墨客
叵测　破格　车模　胳膊　隔膜　刻薄　折磨　扯破　热播

(二)i—ü 的辨正练习

1. 单音节字词辨正练习：

你—女　里—铝　鸡—居　骑—渠　细—续　意—欲

2. 多音节词语练习：

碧绿　几率　纪律　拘泥　拘役　狙击　举例　具体　剧集
据悉　距离　聚积　聚集　聚齐　履历　律己　律例　绿地
滤器　屈膝　躯体　曲艺　取缔　虚拟　嘘唏　续集　蓄积
蓄意　淤积　淤泥　余地　余悸　余力　逾期　与其　羽翼
雨季　雨衣　语气　语体　语系　语义　玉米　玉器　玉玺
浴衣　预计　预期　预习　喻义　御笔　御敌　寓意　愈益

(三)ua—uo 的辨正练习

1. 单音节字词辨正练习：

瓜—锅　跨—扩　华—活　抓—捉　歘—戳　刷—说　挼—若
瓦—我

2. 多音节词语练习：

瓜果　花托　画作　话说　抓获　多寡　国花　国画　活化
火花　火化　弱化　说话　倭瓜

（四）ai—ei 的辨正练习

1. 单音节字词辨正练习：

掰—杯　排—陪　买—美　歹—得　胎—忒　奶—馁　来—雷
改—给　开—剋　嗨—黑　债—这　晒—谁　在—贼

2. 多音节词语练习：

暧昧　白费　百倍　摆擂　败北　败类　柴扉　海匪　海内
排雷　塞北　栽培　在内　背带　背债　悲哀　白美　配带

（五）ie—üe 的辨正练习

1. 单音节字词辨正练习：

聂—虐　列—略　结—绝　切—缺　写—雪　夜—月

2. 多音节词语练习：

喋血　孑孓　节略　节约　劫掠　解决　解约　借阅　灭绝
铁血　谐谑　谢绝

（六）uo—o 的辨正练习

1. 单音节字词辨正练习：

噢—喔

2. 多音节词语练习：

剥夺　菠萝　薄弱　颇多　破落　破锅　破获　婆娑　摩托
没落　摸索　摩挲　佛陀　我国　窝火　龌龊　挪窝　萝卜
落魄　落寞　活泼　活佛　戳破　说破　琢磨　坐卧　所迫

（七）iao—iou 的辨正练习

1. 单音节字词辨正练习：

妙—谬　雕—丢　鸟—扭　了—柳　叫—就　敲—秋　小—朽
要—又

2. 多音节词语练习：

交流　娇羞　料酒　漂流　调酒　调休　小球　邮票　右脚
幼苗　幼教

（八）uai—uei 的辨正练习

1. 单音节字词辨正练习：

乖—归	快—溃	怀—回	拽—坠	揣—吹	甩—水	崴—伟

2. 多音节词语练习：

快慰	外围	诡怪	追怀	嘴快	嘴乖

（九）in—ing 的辨正练习

1. 单音节字词辨正练习：

宾—兵	贫—瓶	民—明	您—宁	林—零	仅—景	沁—庆
新—星	引—影					

2. 多音节词语练习：

尽情	进行	近景	禁令	民兵	民警	民营	品行	品性
聘请	钦定	亲情	心病	心境	心灵	心情	心性	新兵
新兴	新型	新颖	阴影	银屏	银杏	引擎	引领	隐形
隐性	并进	病因	订金	定亲	精进	精品	精心	竞聘
静心	灵敏	名品	铭心	平民	评聘	轻信	倾心	清贫
清心	听信	挺进	行进	省亲	迎亲	迎新	影印	应聘

（十）an—ang 的辨正练习

1. 单音节字词辨正练习：

安—肮	班—帮	盘—庞	满—莽	饭—放	单—当	谈—糖
男—囊	懒—朗	干—杠	刊—康	憨—夯	展—涨	颤—唱
山—商	然—瓤	赞—藏	参—仓	三—桑		

2. 多音节词语练习：

伴郎	禅房	禅杖	担当	单方	单杠	胆囊	翻唱	繁忙
反常	反方	反抗	返厂	返航	犯上	满堂	漫长	南方
盘账	燃放	染坊	散场	擅长	贪赃	弹唱	坦荡	赞赏
战场	站岗	盎然	帮办	长安	长衫	长叹	怅然	畅谈
当班	当然	荡然	档案	防弹	防范	防寒	房产	访谈
钢板	杠杆	抗旱	盲干	茫然	桑蚕	丧胆	伤残	伤感

（十一）ian—iang 的辨正练习

1. 单音节字词辨正练习：

年—娘　　脸—两　　剑—酱　　千—枪　　闲—祥　　演—养

2. 多音节词语练习：

边疆　变量　变相　电量　坚强　健将　勉强　面相　偏向
牵强　钱粮　天亮　天象　现象　险象　限量　鲜香　岩浆
艳阳　良田　凉面　两边　两遍　亮点　量变　强健　抢险
强辩　相间　相连　香甜　镶嵌　享年　想念　项链　相片

（十二）en—eng 的辨正练习

1. 单音节字词辨正练习：

奔—崩　　盆—朋　　门—萌　　份—凤　　扽—邓　　嫩—能　　跟—耕
肯—坑　　痕—横　　枕—整　　趁—秤　　深—声　　人—仍　　怎—增
岑—层　　森—僧　　恩—鞥

2. 多音节词语练习：

奔腾　本能　尘封　分成　纷争　门风　门生　人称　人声
仁政　认生　认证　神圣　称臣　成本　成人　承认　城镇
登门　风尘　封门　缝纫　横亘　冷门　能人　烹饪　升任
生辰　生分　生根　省份　圣人　胜任　憎恨　正门　证人

（十三）uen—ong 的辨正练习

1. 单音节字词辨正练习：

吨—东　　吞—通　　轮—龙　　棍—共　　坤—空　　魂—红　　准—肿
纯—虫　　润—容　　尊—宗　　存—从　　损—耸

2. 多音节词语练习：

轮空　论丛　滚动　滚筒　昆虫　混动　混同　混种　纯铜
纯种　顺从　尊重　尊崇　尊容　遵从　温控　文宗　蚊虫
稳重　冬春　东村　冬笋　通论　通顺　同村　弄混　农村
公论　共论　恭顺　公孙　共存　公文　恐婚　控温　红唇
红润　忠魂　中文　冲昏　重婚　重孙　重温　总论　纵论

（十四）ün—iong 的辨正练习

1. 单音节字词辨正练习：

军—炯　　裙—穷　　熏—兄　　运—用

2. 多音节词语练习：

军用　　群雄　　运用　　拥军

第四章　声　　调

一、什么是声调

声调是汉语音节所固有的，用于区别意义的声音的高低和升降。汉语中一个汉字就是一个音节，因此声调又被称为字调。

二、声调的性质与特征

声调的性质主要取决于音高，声调的音高是相对的。音高取决于声波振动的频率，频率越快，音高就越高，频率越慢，音高就越低。汉语中声调的高低变化是滑动的，而不是跳跃的，这其中最具有代表性的为上声，它的声调变化是由高滑到低，再由低滑到高，而不是高—低—高三个不同音高点的跳跃拼接而成。由相同声母和韵母构成的两个音节，如果其声调不同，则它们所表示的意义也不同。比如：买—卖、早—造、水饺—睡觉等。因此，区别意义是声调最重要的特征。

三、调值、调类和调号

调值指的是声调的实际高低值。调值一般采用五度标记法，最低为 1 度，最高为 5 度，普通话中阴平调值为 55 调，阳平调值为 35 调，上声调值为 214 调，去声调值为 51 调。调值五度标记法可用右图形象地表达出来。(图 4-1)《汉语拼音方案》中使用“— ∕ ∨ ＼”分别表示阴平、阳平、上声和去声。

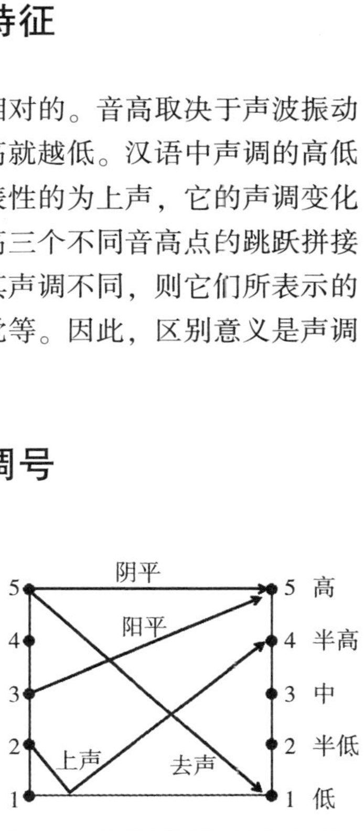

图 4-1　普通话调值五度标记图

四、声调的发音

（一）阴平的发音

两个调值均为阴平的音节相连时，前一个音节读44调，后一个音节读55调。

练习：

安心	安装	搬家	标枪	参加	超出	车间	吃惊	冲击
冲突	当初	当今	当中	端庄	风光	夫妻	甘心	关心
官兵	光辉	呼吸	花生	婚姻	昏君	纠纷	军官	军区
咖啡	开发	开关	通知	偷偷	突出	突击	推翻	推销
歪曲	弯曲	危机	微观	微微	乌龟	相当	相关	相交
烟灰	耶稣	医生	应该	倾听	清晰	伤心	稍微	身边
天真	双方	增加	增添	粘贴	招生	珍珠	真空	征收

（二）阳平的发音

两个调值均为阳平的音节相连时，前一个音节读34调，后一个音节读35调。

练习：

昂然	遨游	翱翔	别人	才能	残余	长城	常常	常年
常识	朝廷	潮流	从前	敌人	儿童	繁荣	繁殖	服从
浮游	符合	隔离	国防	国民	国情	合成	合格	和谐
回来	回头	及时	觉察	绝伦	来回	离别	全局	全民
全球	人群	人为	人员	时节	时髦	识别	随即	抬头
提前	题材	田园	羊毛	摇头	完成	完全	顽强	学员
寻求	循环	延长	严格	严寒	羊毛	着急	折磨	哲学

（三）上声的发音

两个调值均为上声的音节相连时，前一个音节读24调，后一个音节读214调。

练习：

保管	保守	保险	绑匪	采取	产品	场所	处理	打倒

党委	岛屿	顶点	反感	腐朽	改写	改组	管理	广场
好比	好好	好转	济济	给予	甲板	考古	可以	口语
旅馆	蚂蚁	美感	女子	偶尔	品种	普法	起点	起码
所有	所以	审美	水果	土匪	土壤	往往	侮辱	舞蹈
洗澡	享有	想法	小鸟	小雨	永远	勇敢	友好	允许
早起	早已	主导	主管	主体	准保	祖产	嘴角	左手

（四）去声的发音

两个调值均为去声的音节相连时，前一个音节读53调，后一个音节读51调。

练习：

爱好	爱护	按照	被告	必定	赤道	创办	创立	次序
次要	错误	档案	到处	盗窃	恶化	恶劣	饲料	分量
愤怒	概念	干部	厚度	互助	话剧	鉴定	降落	叫做
控制	快速	扩散	浪费	类似	慢性	贸易	魅力	内外
内在	内脏	炮弹	配套	片刻	气象	恰当	跳跃	痛快
透镜	外在	万事	万物	忘记	细致	下降	现代	样式
药物	液态	玉坠	再现	赞叹	炸弹	债务	绽放	占据

五、声调组合练习

（一）阴平—阳平

阿姨	安排	帮忙	包含	边缘	标题	超额	充实	出国
摧残	单纯	单独	当即	低级	发达	方才	飞船	分离
刚才	高级	根源	忽然	花纹	欢迎	机能	加强	坚决
开除	科学	空前	批评	凄凉	迁移	侵权	突然	湍流
推行	挖掘	威胁	温和	西南	纤维	压强	要求	通红
倾斜	缺乏	森林	搜集	伤员	身材	他人	天才	医疗
英雄	栽培	咨询	增强	章程	征求	支持	中国	租房

（二）阴平—上声

悲惨	奔跑	标本	出版	窗口	充满	摧毁	当场	东北

发表	方法	非法	分解	风雨	高等	歌曲	根本	呼喊
花朵	婚礼	机场	加紧	艰苦	开采	亏损	科普	拉拢
摸索	殴打	批准	拍板	喷洒	妻子	铅笔	亲属	山谷
伤口	生死	私有	缩短	搜索	天使	听筒	推广	危险
温暖	污染	西北	掀起	相等	挑选	天体	依法	因此
拥挤	增长	宗旨	针灸	中等	珠宝	专场	资本	资产

(三)阴平—去声

安定	安慰	安置	颁布	帮助	悲剧	参数	仓库	操作
超过	车辆	吃饭	单位	当代	登记	发布	翻译	方案
干旱	高地	根据	黑夜	呼吁	饥饿	加剧	阶段	开办
刊物	宽阔	拉力	抹布	闷热	捏造	轻易	曲线	缺陷
杀害	山脉	深夜	拍摄	抛弃	批判	期望	千克	亲热
听话	通过	突破	危害	温度	先进	相互	压迫	医药
优惠	灾难	遭受	增进	招待	针对	争斗	知道	中立

(四)阳平—阴平

白天	曾经	从中	常规	沉积	成功	读书	繁多	房屋
服装	革新	国家	航空	豪猪	合乎	恒星	极端	菊花
决心	离开	连接	联邦	毛巾	萌发	棉花	摩擦	南方
年初	农村	旁边	皮肤	平分	其间	前方	情操	燃烧
人工	如今	儒家	神经	石灰	俗称	提高	条约	同胞
维新	文章	无非	袭击	协商	行军	学科	延伸	羊羔
阳光	迎接	游击	杂交	昨天	直观	职工	着装	竹竿

(五)阳平—上声

鼻孔	财产	成本	持久	词典	从此	得以	读者	罚款
烦恼	俘虏	国土	航海	合法	华北	黄土	节省	来往
莲子	良好	流水	伦理	门口	弥补	明显	模仿	泥土
年底	培养	平等	前景	遥远	停止	同等	图纸	团体
违法	无比	刑法	雄伟	学者	寻找	言语	遥感	情感
酋长	全体	群体	人口	溶解	柔软	如果	食品	逃跑
提醒	田野	遗产	营养	游泳	原理	直角	着手	足以

(六)阳平—去声

昂贵	白色	博士	薄弱	财富	残酷	层次	茶叶	成绩
持续	敌对	毒素	而后	凡是	防御	服务	革命	国际
含量	合并	极力	节目	局限	狂妄	狂笑	劳力	连队
辽阔	矛盾	媒介	难道	能够	年代	求证	全部	然后
人类	荣誉	神秘	时代	熟练	随便	随后	随意	谈论
逃避	疼痛	完备	围绕	无数	习惯	狭隘	协会	延续
颜色	摇晃	杂质	责任	折射	逐步	逐渐	卓越	昨日

(七)上声—阴平

摆脱	北方	本身	贬低	饼干	产生	打击	顶端	短期
法官	法规	反之	改编	感官	鼓吹	海关	好听	火车
减轻	奖金	解剖	可惜	恐慌	口腔	老师	老乡	两边
马车	母亲	哪些	女工	启发	起初	起身	忍心	乳汁
闪光	始终	手工	损失	损伤	体积	体操	统一	晚期
委托	武装	小心	许多	雪花	雪山	眼光	演出	冶金
早餐	展开	长官	指标	指尖	子孙	总之	组织	左边

(八)上声—阳平

笔名	贬值	惨白	草丛	产权	齿轮	宠儿	歹徒	胆囊
导航	反驳	匪徒	粉尘	改行	赶集	拱桥	好评	缓刑
讲求	狡猾	砍伐	考查	朗读	冷藏	马达	满怀	美德
奶牛	暖瓶	品尝	普查	启程	浅薄	抢夺	冗长	乳白
乳牛	扫盲	扫描	死人	赏识	审核	史籍	坦白	讨伐
体察	往来	委员	舞台	显然	小时	小学	选拔	眼前
养殖	整合	整齐	指明	种族	总和	总额	走廊	组合

(九)上声—去声

百姓	榜样	采购	草案	此刻	尺度	储备	打败	导弹
抵抗	反复	粉碎	改进	赶快	巩固	好事	火焰	检验
讲话	角落	可爱	口号	冷静	礼貌	领会	满意	猛烈
乃至	努力	女士	普遍	匹配	企业	巧妙	请示	扰乱

忍耐　扫荡　损耗　所谓　少数　审判　倘若　体会　铁路
网络　纬度　稳定　喜爱　显示　响应　掩护　眼镜　养分
野外　野兔　早日　怎样　指示　子弹　展示　掌握　整顿

(十)去声—阴平

爱惜　暗杀　暗中　半天　爆发　措施　创新　当天　动机
付出　负担　附加　更加　构思　后期　化工　季风　竞争
客观　扩张　浪花　律师　蜜蜂　目标　那些　耐心　内心
派生　配方　气温　契约　器官　信心　夜间　热心　认真
日期　丧失　四周　似乎　上山　设施　示威　叹息　特约
外交　万一　卫生　细胞　下班　现金　印刷　预期　月光
一生　在家　自称　自私　坐标　战争　账单　召开　震惊

(十一)去声—阳平

爱国　爱情　报名　必然　测量　促成　错觉　称职　畅谈
大学　到达　地球　废除　负责　告别　个别　构成　化肥
混淆　技能　价格　教材　空白　库存　类型　力求　练习
漫长　密集　灭亡　内涵　内容　判决　佩服　气流　器材
切实　认为　热能　入学　善良　上层　少年　太平　透明
外国　为何　问题　细节　下达　县城　药房　异常　用途
预防　在于　赞成　暂行　造型　召集　正常　制服　治疗

(十二)去声—上声

按钮　懊悔　傍晚　报纸　促使　厕所　凑巧　颤抖　彻底
翅膀　代表　到底　赋予　富有　个体　购买　固体　汉语
后果　户口　记者　驾驶　见解　客体　况且　扩展　泪水
历史　论点　冒险　面孔　怒吼　糯米　判处　破产　恰好
确保　肉体　弱点　饲养　送礼　诉苦　摄影　试管　顺手
跳舞　痛苦　特点　外表　握手　物理　细小　下属　下场
现场　占领　账本　政党　制品　至少　自己　作者　做法

第五章　语流音变

一、什么是语流音变

任何一个词或者一句话，都不是单一的两个字或者几个字的组合，前后音素与音素之间，音节与音节之间都会有一定程度的相互制约与影响。有些影响比较细微，人们很难觉察到，而有些则比较明显，比如说“难啊”的读音并不是单一的将“难 nán”和“啊 ā”组合到一起读成“nán ā”，而是进行了两处音变。第一处为“啊”作为语气助词变为轻声；第二处为受到前一个音节中 n 音素的影响，“ɑ”变成“nɑ”。因此这个词在经过音变后的“nán nɑ”才是正确的发音。这种邻近音节或者音素之间的相互制约与影响，而导致的声母、韵母或者声调的变化被称为语流音变。

二、轻声

(一)什么是轻声

一般情况下，普通话的音节是由声母、韵母和声调三部分组成，但在词语或句子中，一些音节会失去它原有的声调，变得轻而短，这种声调叫做轻声。

(二)轻声的作用

轻声的主要作用是区别意义和词性。比如：“马克思主义精神”和“他看上去不太精神”中前一个“神”读阳平调，指人的意识、思维活动、一般心理状态、宗旨和主要意义等，后面的“神”读轻声，指表现出来的活力、活跃、有生气等。“挖了一个很长的地道”和“他做的川菜非常的地道”中，前一个“道”读去声，指在地面下掘成的交通坑道。后一个“道”读轻声，指真正的，纯粹的，标准的。

（三）轻声的规律

1. 语气助词“吧、吗、啊、呢、嘛”等。

例如：好吧。　你是王君吗？　谁啊？　好呢！　看嘛！

2. 助词“着、了、的、得、地、们”等。

例如：听着歌　吃了饭　我的　看得见　慢慢地　我们

3. 名词后缀“子、儿、头”等

例如：桌子　女儿　前头

4. 重叠式名词或动词的后一个音节，AABB 格式重叠的形容词，第二个 A 轻读，BB 音调变为阴平或不变。

例如：爸爸　妈妈　看看 舒舒服服　漂漂亮亮

5. 表示趋向的动词、方位词或名词。

例如：拿来　出去　跳进来　落下来　天上　桌子上　地下

（四）不同声调音节后轻声的读音

1. 阴平—轻声

阴平后的轻声调值为较短的 2 调。

练习：

巴掌	班子	帮手	梆子	包袱	包涵	包子	鞭子	拨弄
苍蝇	差事	车子	称呼	窗户	窗子	村子	耷拉	答应
单子	耽搁	耽误	刀子	灯笼	提防	钉子	东家	嘟囔
多么	风筝	疯子	甘蔗	杆子	高粱	膏药	疙瘩	哥哥
胳膊	鸽子	根子	跟头	工夫	弓子	公公	功夫	钩子
姑姑	姑娘	关系	官司	规矩	闺女	锅子	机灵	夹子
尖子	将就	交情	结实	街坊	金子	精神	窟窿	溜达
妈妈	眯缝	拍子	片子	铺盖	欺负	亲戚	清楚	圈子
塞子	沙子	商量	烧饼	身子	牲口	师父	师傅	虱子
狮子	收成	收拾	叔叔	舒服	舒坦	疏忽	思量	孙子
他们	她们	它们	摊子	梯子	挑剔	挖苦	屋子	稀罕
瞎子	先生	乡下	箱子	消息	心思	星星	猩猩	休息
靴子	丫头	鸭子	胭脂	烟筒	秧歌	吆喝	妖精	椰子
衣服	衣裳	冤枉	扎实	张罗	招呼	招牌	折腾	芝麻
知识	珠子	庄稼	庄子	锥子	桌子	作坊		

2. 阳平—轻声

阳平后的轻声调值为较短的 3 调。

白净	鼻子	脖子	不由得	财主	裁缝	柴火	肠子
池子	虫子	绸子	除了	锄头	锤子	笛子	蛾子
儿子	房子	福气	格子	蛤蟆	含糊	行当	和尚
核桃	红火	猴子	胡萝卜	胡琴	糊涂	皇上	活泼
橘子	咳嗽	篮子	累赘	老头子	篱笆	连累	帘子
凉快	粮食	林子	翎子	聋子	笼子	炉子	轮子
萝卜	骡子	麻利	麻子	馒头	忙活	眉毛	媒人
门道	迷糊	苗条	苗头	名堂	名字	明白	模糊
蘑菇	难为	能耐	娘家	奴才	牌楼	牌子	盘算
盘子	狍子	盆子	朋友	棚子	皮子	脾气	便宜
瓶子	婆家	婆婆	旗子	前头	钳子	茄子	勤快
拳头	裙子	人们	勺子	舌头	什么	绳子	石匠
石榴	石头	时候	拾掇	坛子	蹄子	条子	亭子
头发	头子	蚊子	席子	媳妇	匣子	行李	学问
衙门	银子	云彩	咱们	宅子	侄子	竹子	

3. 上声—轻声

上声后的轻声调值为较短的 4 调。

把子	板子	膀子	本子	比方	扁担	饼子	补丁
厂子	场子	尺子	打扮	打点	打发	打量	打听
胆子	底子	点心	肚子	耳朵	斧子	杆子	稿子
谷子	骨头	寡妇	鬼子	果子	幌子	火候	伙计
脊梁	茧子	剪子	饺子	姐夫	姐姐	口袋	口子
喇叭	喇嘛	懒得	老婆	老实	老爷	老子	姥姥
里头	两口子	领子	马虎	码头	买卖	奶奶	脑袋
脑子	你们	女婿	暖和	痞子	曲子	嗓子	嫂子
傻子	婶子	使唤	首饰	爽快	毯子	铁匠	妥当
晚上	尾巴	委屈	稳当	我们	喜欢	小伙子	小气
小子	哑巴	眼睛	养活	椅子	影子	早上	怎么
眨巴	枕头	指甲	指头	种子	主意	主子	爪子
祖宗	嘴巴						

4. 去声—轻声

去声后的轻声调值为较短的 1 调。

爱人	案子	把子	爸爸	棒槌	棒子	豹子	辫子
别扭	簸箕	不在乎	步子	部分	畜生	刺猬	凑合
大夫	带子	袋子	担子	道士	稻子	凳子	弟弟
调子	动静	动弹	豆腐	豆子	肚子	队伍	对付
贩子	盖子	杠子	个子	故事	褂子	怪物	罐头
罐子	柜子	棍子	汉子	后头	厚道	护士	记号
记性	架势	架子	嫁妆	见识	毽子	叫唤	轿子
戒指	镜子	舅舅	句子	卷子	客气	空子	扣子
裤子	快活	筷子	框子	困难	阔气	浪头	老太太
力气	厉害	利落	利索	例子	痢疾	料子	路子
骆驼	麦子	冒失	帽子	妹妹	面子	木匠	木头
那么	念叨	念头	镊子	疟疾	胖子	屁股	骗子
票子	漂亮	亲家	热闹	认识	日子	褥子	扫帚
扇子	上司	上头	少爷	哨子	似的	事情	柿子
算计	岁数	太太	特务	跳蚤	兔子	唾沫	袜子
为了	位置	位子	下巴	吓唬	相声	谢谢	性子
秀气	袖子	燕子	样子	叶子	应酬	柚子	院子
月饼	月亮	运气	在乎	栅栏	丈人	帐篷	帐子
这个	这么	柱子	转悠	壮实	状元		

(五)可读轻声词语表

把手	白天	摆布	摆弄	摆设	褒贬	报酬
报复	报应	抱怨	北边	本钱	鼻涕	别人
别致	玻璃	不见得	残疾	差不多	长处	成分
诚实	吃不消	尺寸	抽屉	出来	出去	刺激
聪明	错误	搭讪	答复	打交道	大不了	当铺
道理	得罪	底细	底下	点缀	惦记	东边
懂得	对不起	短处	翻腾	反正	费用	分寸
分量	风水	凤凰	夫人	扶手	服侍	斧头
父亲	干净	干粮	感激	告示	格式	跟前

工钱	工人	公家	公平	功劳	恭维	勾当
估量	固执	过来	过去	害处	行家	好处
和气	荷包	喉咙	后边	后面	花费	滑稽
荒唐	黄瓜	恍惚	回来	回去	晦气	活动
火气	伙食	祸害	机会	机器	机器人	记得
忌讳	家具	价钱	缰绳	讲究	禁不住	进来
进去	近视	觉得	看不起	看见	考究	靠不住
客人	苦头	会计	宽敞	魁梧	拉拢	来不及
牢骚	老人家	老鼠	冷不防	冷清	里边	里面
理事	力量	了不得	了不起	邻居	伶俐	琉璃
露水	逻辑	埋伏	卖弄	毛病	没有	玫瑰
眉目	门面	棉花	免得	摸索	母亲	牡丹
哪里	那里	南边	南瓜	南面	难处	泥鳅
挪动	排场	牌坊	佩服	喷嚏	碰见	琵琶
篇幅	撇开	泼辣	破绽	魄力	菩萨	葡萄
葡萄酒	起来	气氛	前边	前面	敲打	瞧见
俏皮	亲事	轻巧	情形	情绪	去处	任务
容易	洒脱	上边	上来	上面	舍不得	上去
身份	神气	神仙	生日	尸首	使得	势力
势头	手巾	书记	熟悉	说法	算盘	孙女
太监	太阳	态度	提拔	体谅	体面	替换
听见	通融	痛快	透亮	徒弟	外边	外面
围裙	味道	西瓜	喜鹊	下边	下来	下面
下去	显得	想法	小姐	小心	晓得	心里
新鲜	薪水	修行	学生	烟囱	妖怪	摇晃
夜里	已经	义气	益处	意见	意识	因为
樱桃	应付	用处	右边	右面	遇见	鸳鸯
愿意	月季	匀称	糟蹋	早晨	渣滓	照顾
照应	折磨	这里	阵势	证人	知道	侄女
值得	志气	周到	主人	嘱咐	住处	资格
左边	左面	座位				

三、儿化

(一)什么是儿化

儿化又称为儿化韵，是普通话和部分方言中的一种语言现象。一般情况下后缀“儿”字，但它不成为一个独立的音节，而是将前一个音节在原有读音的结尾处进行卷舌，形成儿化音变。比如：“小孩儿”读作“xiǎoháir”而不能读成“xiǎoháiér”。普通话中也有一些词在书面上虽然后缀没有“儿”字，但在口语中一般读成儿化音。比如：“脸蛋”读作“liǎndànr”，“米粒”读作“mǐlìr”。

(二)儿化的作用

1. 区别词性和意义。比如“盖上盖儿”中的“盖”为动词；“盖儿”为名词。“穿着破烂的衣服收破烂儿”中的“破烂”为形容词，“破烂儿”为名词。再比如，“收不到他的信”和“收不到他的信儿”中的“信”为书信的意思，“信儿”为消息的意思；“头儿说他头疼”中的“头儿”指领导，“头”指脑袋。

2. 表示可爱、小、喜欢、亲切、轻蔑、鄙视等情感。例如：宝贝儿、小偷儿、好玩儿、门缝儿、小丑儿等。

(三)儿化的发音规律

1. 韵母或韵尾是 a，o，e，u 的，直接在后面加卷舌动作。

(1) a—ar	去哪儿	刀把儿	戏法儿
(2) ia—iar	一下儿	脚丫儿	人家儿
(3) ua—uar	牙刷儿	雪花儿	笑话儿
(4) o—or	山坡儿	粉末儿	耳膜儿
(5) uo—uor	被窝儿	火锅儿	小说儿
(6) ao—aor	口罩儿	手套儿	熊猫儿
(7) iao—iaor	火苗儿	小鸟儿	豆角儿
(8) e—er	饭盒儿	方格儿	唱歌儿
(9) u—ur	泪珠儿	碎步儿	有数儿
(10) ou—our	小偷儿	老头儿	纽扣儿
(11) iou—iour	加油儿	雪球儿	抓阄儿

2. 韵尾是 i，n 的(in，ün 除外)，儿化时失落韵尾，在主要元音上加上卷

舌动作。

(1)ai—ar　　鞋带儿　　瓶盖儿　　小孩儿
(2)ei—er　　摸黑儿　　宝贝儿　　眼泪儿
(3)an—ar　　快板儿　　心肝儿　　脸蛋儿
(4)ian—iar　　照片儿　　一点儿　　拉链儿
(5)en—er　　花盆儿　　杏仁儿　　哥们儿
(6)uei—uer　　一会儿　　墨水儿　　围嘴儿
(7)uen—uer　　光棍儿　　没准儿　　胖墩儿
(8)uai—uar　　一块儿　　乖乖儿
(9)uan—uar　　门环儿　　打转儿　　手腕儿
(10)üan—üar　　手绢儿　　人缘儿　　小院儿

3. 韵尾为 ng 的，儿化时失落 ng，并将前面的元音鼻化，加卷舌动作。

(1)ang—ãr　　药方儿　　帮忙儿　　香肠儿
(2)iang—ãr　　小样儿　　鼻梁儿　　透亮儿
(3)uang—uãr　　蛋黄儿　　橱窗儿　　相框儿
(4)eng—ẽr　　脖颈儿　　板凳儿　　钢镚儿
(5)ing—iẽr　　花瓶儿　　门铃儿　　眼镜儿
(6)ueng—uẽr　　小瓮儿
(7)ong—õr　　抽空儿　　小葱儿　　胡同儿
(8)iong—iõr　　小熊儿　　叫穷儿

4. 韵母为 i、ü 的，儿化时直接加卷舌动作。

(1)i—ier　　玩意儿　　眼皮儿　　针鼻儿
(2)ü—üer　　蛐蛐儿　　毛驴儿　　金鱼儿

5. 韵母-i(前)，-i(后)以及韵母或韵尾为 ê 的，变为央元音 e[ə]，然后加卷舌动作。

(1)ie—ier　　菜叶儿　　台阶儿　　一髻儿
(2)üe—üer　　空缺儿　　旦角儿　　正月儿
(3)-i—ier　　果汁儿　　瓜子儿　　肉丝儿

6. 韵母为 in，ün 的，儿化时失落 n，i，ü，然后加卷舌动作。

(1)in—ier　　手印儿　　有劲儿　　树荫儿
(2)ün—üer　　短裙儿　　喜讯儿　　合群儿

四、变调

发音时，相邻音节声调发生变化的现象称为变调，普通话中的变调除轻声外，还有上声的变调、去声的变调、“一”的变调和“不”的变调。这些变调都是比较明显的，但实际在普通话中轻微的变调有很多，例如在本书第五章声调部分提到的由两个阴平音节组成的词语，前一个阴平读 44 调，后一个阴平读 55 调。这些都可以被看作是变调。

（一）上声的变调

上声音节在单独出现时不变调，依旧读 214 调；在阴平、阳平、去声和轻声前，调值由 214 调变为 21 调或 211 调；两个上声音节连读时，第一个音节变为近似阳平调的 24 调，第二个音节不变。

1. 上声—阴平练习：

宝刀　产出　党章　反之　敢当　很多　解开　砍刀　小说
铝锅　马车　藕汤　普通　起初　乳霜　嗓音　体操　枣糕

2. 上声—阳平练习：

把持　草丛　党旗　法国　考核　好人　九十　可能　冷藏
马蹄　奶茶　普及　启迪　惹人　死活　塔防　午时　远航

3. 上声—上声练习：

宝塔　草场　打扫　法警　考场　好好　给予　口水　理解
母体　哪里　跑腿　启齿　忍辱　死者　塔顶　武警　手掌

4. 上声—去声练习：

绑定　草垛　党性　反复　考试　好运　解释　苦力　朗诵
美丽　女眷　跑步　启示　忍让　死去　土豆　稳重　掌控

5. 上声—轻声练习：

扁担　尺子　打发　耳朵　斧子　寡妇　火候　姐姐　口袋
姥爷　买卖　女婿　痞子　曲子　使唤　铁匠　委屈　喜欢

（更多练习见第四章第五节声调组合练习和本章轻声练习部分。）

（二）去声的变调

去声音节在单独出现时不变调，依旧读 51 调；在去声前，调值变为 53 调，第二个音节依旧为 51 调。

练习：

爱护　必定　创办　档案　恶化　分量　概念　厚度　鉴定
客户　路面　幕布　怒斥　瀑布　气力　日照　特地　自制

(更多上声和去声的练习见第四章第四节声调发音部分。)

(三)"一"的变调

"一"在单独出现或作为序数词出现时读阴平声调，在阴平、阳平和上声音节前读去声声调，在去声音节前读阳平声调，在叠词中间读作轻声。

1. "一"+阴平练习：

一般　一包　一边　一刀　一端　一发　一干　一根　一锅
一家　一经　一颗　一篇　一身　一生　一丝　一天　一些

2. "一"+阳平练习：

一成　一筹　一锤　一行　一回　一连　一名　一年　一盘
一群　一如　一勺　一时　一条　一同　一头　一团　一直

3. "一"+上声练习：

一把　一点儿　一顶　一朵　一晃　一举　一口　一览
一缕　一匹　一起　一曲　一首　一体　一桶　一碗
一早　一种

4. "一"+去声练习：

一半　一步　一旦　一动　一概　一句　一粒　一路　一气
一霎　一世　一瞬　一下　一线　一样　一贯　一再　一阵

5. 不变调练习：

一级　一年级　一流　一等　一审　一线

6. 变为轻声练习：

看一看　听一听　想一想　说一说　笑一笑　尝一尝　做一做
摸一摸

(四)"不"的变调

"不"在单独出现时或在阴平、阳平、上声和轻声音节前读去声声调，在去声音节前读阳平声调。

"不"+去声练习：

不必　不测　不但　不定　不复　不够　不顾　不见　不看
不利　不善　不适　不外　不像　不幸　不要　不用　不在

五、语气助词"啊"的音变

语气助词"啊"的音变分为很多种情况，具体如下：

1. "啊"前的音节中最后一个音素为 a，o，e，ê，i，ü 时，读作"ya"。

例：出发啊　广播啊　快喝啊　逛街啊　可爱啊　金鱼啊

2. "啊"前的音节中最后一个音素为 u，ao，iao 时，读作"wa"。

例：老虎啊　面包啊　买药啊　快走啊　很好啊　睡觉啊

3. "啊"前的音节中最后一个音素为前鼻音 n 时，读作"na"。

例：一般啊　很难啊　好人啊　他们啊　钢琴啊　温暖啊

4. "啊"前的音节中最后一个音素为后鼻音 ng 时，读作"nga"。

例：好听啊　成功啊　畅通啊　火光啊　英雄啊　大风啊

5. "啊"前的音节中最后一个音素为-i(前)时读作"za"。

例：儿子啊　好字啊　诗词啊　告辞啊　钢丝啊　自私啊

6. "啊"前的音节中最后一个音素为-i(后)，er 以及儿化音 r 时，读作"ra"。

例：无知啊　好吃啊　知识啊　落日啊　小孩儿啊　一会儿啊

六、轻重格式

由于感情表达的需要，一个词语中的两个音节，或者多音节词语中的多个音节在轻重上有所不同，这被称为词语的轻重格式。双音节词语轻重格式有三种，分别是中重、重中和重轻格式；三音节词语的轻重格式有三种，分别是中中重、中重轻和中轻重格式；四音节词语的轻重格式有三种，分别是中重中重、重中中重和中轻中重格式。

(一)双音节词语轻重格式练习

1. 中重格式练习：

安眠　报销　奔放　闭幕　伯乐　菜地　成功　从前　大约
斗志　发光　高级　好汉　呼吸　集体　空气　离间　马车
难过　炮兵　青山　融化　山歌　唐朝　提前　心声　总结

2. 重中格式练习：

柔和　风气　错误　突然　温度　素材　动力　视觉　难点

经验	主人	设备	人口	气味	责任	嗅觉	干部	消化
宽容	涵养	作家	财神	敌人	军人	容易	伤势	杂货

3. 重轻格式练习：

爱人	巴掌	包袱	财主	称呼	刺猬	袋子	灯笼	儿子
份子	高粱	哥哥	关系	汉子	狐狸	饺子	扣子	懒得
连累	骆驼	麦子	苗条	脑袋	认识	舒服	为了	作坊

(二)三音节词语轻重格式练习

1. 中中重格式练习：

氨基酸	奥运会	办公室	半导体	辩证法	出发点	创造性
大多数	大学生	当事人	电视剧	电视台	多边形	发动机
法西斯	放射性	方法论	根据地	广播站	工程师	工业化
公有制	共和国	国务院	合作社	寄生虫	农作物	

2. 中重轻格式练习：

割麦子	查案子	不由得	大财主	添柴火	砸场子	改称呼
贴膏药	票贩子	做买卖	栽跟头	打谷子	犯糊涂	签合同
守规矩	托关系	打官司	摘果子	踢毽子	老太太	两口子
丢面子	当媒人	不认识	听相声	凑热闹	胡萝卜	

3. 中轻重格式练习：

犯不着	包子铺	柴火堆	扫帚星	豆腐渣	萝卜汤	窗户纸
胆子小	泡泡糖	肚子疼	拨浪鼓	狐狸窝	糊涂虫	喇嘛庙
冒失鬼	姥姥家	乡巴佬	差不多	钥匙扣	功夫茶	馒头铺
行李箱	胭脂盒	椰子壳	筒子楼	老婆饼	狮子头	

(三)四音节词语轻重格式练习

1. 中重中重格式练习：

山河美丽	中国伟大	旁征博引	载歌载舞	三年五载	七上八下
灯火辉煌	华灯璀璨	歌舞升平	天涯海角	冬暖夏凉	南腔北调
张灯结彩	传道授业	螳螂捕蝉	瓮中捉鳖	爱岗敬业	花好月圆
国泰民安	人杰地灵	因小失大			

2. 重中中重格式练习：

多此一举	不约而同	木已成舟	寄人篱下	义不容辞	敬而远之
诸如此类	惨不忍睹	词不达意	耐人寻味	喜出望外	前所未有

刻不容缓	狐假虎威	在所不辞	朝不保夕	一扫而空	相形之下
面如刀割	数不胜数	美不胜收			

3. 中轻中重格式练习：

热热闹闹	甜甜蜜蜜	迫不及待	和和美美	说不过去	老实巴交
稀里糊涂	慌里慌张	大大方方	说说笑笑	舒舒服服	清清楚楚
哭哭啼啼	稀里哗啦				

第六章　普通话水平测试概说

一、什么是普通话水平测试

普通话水平测试(PUTONGHUA SHUIPING CESHI，缩写为 PSC)通过口试方式对应试人员的普通话规范程度、熟练程度进行认定。

二、测试对象

凡是以普通话为主要工作语言的教师(包括申请教师资格证的人员)、播音员、节目主持人、影视话剧演员、国家机关工作人员以及师范类专业、播音与主持艺术专业、影视话剧表演专业等与口语表达密切相关专业的学生等人员应参加普通话水平测试并达到相应的等级要求。此外，社会其他人员也可自愿申请参加测试。

三、测试内容和分值

普通话水平测试的内容包括普通话语音、词汇和语法。

试题包括读单音节字词、读多音节词语、选择判断、短文朗读和命题说话5个部分。满分为100分，各题分值分配和测查目的如下：

1. 读单音节字词(100个音节，不含轻声、儿化音节)，限时3.5分钟，共10分。该部分目的在于测查应试人员声母、韵母、声调读音的标准程度。

2. 读多音节词语(100个音节)，限时2.5分钟，共20分。该部分目的在于测查应试人员声母、韵母、声调和变调、轻声、儿化读音的标准程度。

3. 选择判断，限时3分钟，共10分。该部分包括10组词语判断、10组量词搭配和5组语序或表达形式判断题。目的是测查应试人员掌握普通话词语、量词和名词搭配以及语法的规范程度。

4. 朗读短文(1 篇，400 个音节)，限时 4 分钟，共 30 分。该部分目的在于测查应试人员使用普通话朗读书面作品的水平。在测查声母、韵母、声调读音标准程度的同时，重点测查连读音变、停连、语调以及流畅程度。

5. 命题说话，限时 3 分钟，共 30 分。该部分目的在于测查应试人员在无文字凭借的情况下说普通话的水平，重点测查语音标准程度、词汇语法规范程度和自然流畅程度。

各省、自治区、直辖市语言文字工作部门可以根据测试对象或本地区的实际情况，决定是否免测“选择判断”测试项。如免测此项，“命题说话”测试项的分值由 30 分调整为 40 分。

四、普通话水平测试等级标准

国家语言文字工作委员会在 1997 年发布的《普通话水平测试等级标准》中将普通话水平测试等级定为三个级别，每个级别内划分两个等次。

1. 一级甲等：97.0 分—100.0 分。朗读和自由交谈时，语音标准，词语、语法正确无误，语调自然，表达流畅。

2. 一级乙等：92.0 分—96.9 分。朗读和自由交谈时，语音标准，词语、语法正确无误，语调自然，表达流畅。偶尔有字音、字调失误。

3. 二级甲等：87.0 分—91.9 分。朗读和自由交谈时，声韵调发音基本标准，语调自然，表达流畅。少数难点音(平翘舌音、前后鼻尾音、边鼻音等)有时出现失误。词语、语法极少有误。

4. 二级乙等：80.0 分—86.9 分。朗读和自由交谈时，个别调值不准，声韵母发音有不到位现象。难点音(平翘舌音、前后鼻尾音、边鼻音、fu—hu、z—zh—j、送气不送气、i—u 不分、保留浊塞音和浊塞擦音、丢介音、复韵母单音化等)失误较多。方言语调不明显。有使用方言词、方言语法的情况。

5. 三级甲等：70.0 分—79.9 分。朗读和自由交谈时，声韵母发音失误较多，难点音超出常见范围，声调调值多不准。方言语调较明显。词语、语法有失误。

6. 三级乙等：60.0 分—69.9 分。朗读和自由交谈时，声韵母发音失误多，方言特征突出。方言语调明显。词语、语法失误较多。外地人听其谈话有听不懂的情况。

五、相关行业普通话等级要求

根据国家及有关部委的要求，现阶段各类人员的普通话水平应达到的等级标准如下(表6-1)：

表6-1　相关行业普通话等级要求

等级	对应人员
一级甲等	1. 国家级和省级广播电台、电视台的播音员、节目主持人
一级乙等及以上	1. 普通话语音教师；2. 省级以下(不包括省级)广播电台、电视台的播音员、主持人；3. 话剧、电影、电视剧、广播剧等表演、配音演员，播音、主持专业和影视表演专业的教师、学生
二级甲等及以上	1. 中小学语文教师；2. 高等学校现代汉语教师；3. 对外汉语教师
二级乙等及以上	1. 中小学及幼儿园教师；2. 校外教育单位的教师；3. 报考中小学和幼儿园教师资格证的人员；4. 师范类专业以及各级职业学校与口语表达密切相关的专业的学生
三级甲等及以上	1. 高等学校教师；2. 国家公务员

六、普通话水平测试样卷

(一) 读单音节字词(100个音节，共10分，限时3.5分钟)

沟	懂	胸	茶	标	俗	粉	谬	期	爸	毛	笨
您	屡	仓	踱	训	菊	府	斜	艘	暖	憋	草
圣	稳	团	婚	裤	云	字	王	绕	痒	赚	囊
窘	瞒	秒	恩	彻	袍	深	科	壤	庄	略	潜
北	旷	牙	摄	培	耍	贤	此	固	耳	吹	掉
领	税	颌	案	绒	醉	捐	聂	准	隶	吼	霜
风	圆	桨	摸	跳	典	挪	增	直	抓	月	揪
淮	伞	批	海	擎	下	寝	酸	台	擦	堂	歪
脸	趋	破	吃								

（二）读多音节词语（100个音节，共20分，限时2.5分钟）

灭亡	创造	婴儿	障碍	蜗牛	为了	眉头
状况	玩意儿	准许	农村	将来	窘迫	难怪
自治区	月球	画卷	人群	日渐	商品	饭盒儿
报名	抖擞	稀罕	打开	佛寺	簇拥	非常
特别	小气	虐待	悲惨	率领	增强	恰好
找茬儿	天鹅	数量	条款	软骨	牌楼	封锁
挂念	门洞儿	红军	濒于	地下水	新陈代谢	

（三）朗读短文（400个音节，共30分，限时4分钟）

夕阳落山不久，西方的天空，还燃烧着一片橘红色的晚霞。大海，也被这霞光染成了红色，而且比天空的景色更要壮观。因为它是活动的，每当一排排波浪涌起的时候，那映照在浪峰上的霞光，又红又亮，简直就像一片片霍霍燃烧着的火焰，闪烁着，消失了。而后面的一排，又闪烁着，滚动着，涌了过来。

天空的霞光渐渐地淡下去了，深红的颜色变成了绯红，绯红又变为浅红。最后，当这一切红光都消失了的时候，那突然显得高而远了的天空，则呈现出一片肃穆的神色。最早出现的启明星，在这蓝色的天幕上闪烁起来了。它是那么大，那么亮，整个广漠的天幕上只有它在那里放射着令人注目的光辉，活像一盏悬挂在高空的明灯。

夜色加浓，苍空中的“明灯”越来越多了。而城市各处的真的灯火也次第亮了起来，尤其是围绕在海港周围山坡上的那一片灯光，从半空倒映在乌蓝的海面上，随着波浪，晃动着，闪烁着，像一串流动着的珍珠，和那一片片密布在苍穹里的星斗互相辉映，煞是好看。

在这幽美的夜色中，我踏着软绵绵的沙滩，沿着海边，慢慢地向前走去。海水，轻轻地抚摸着细软的沙滩，发出温柔的//刷刷声。晚来的海风，清新而又凉爽。我的心里，有着说不出的兴奋和愉快。

夜风轻飘飘地吹拂着，空气中飘荡着一种大海和田禾相混合的香味儿，柔软的沙滩上还残留着白天太阳炙晒的余温。那些在各个工作岗位上劳动了一天的人们，三三两两地来到这软绵绵的沙滩上，他们浴着凉爽的海风，望着那缀满了星星的夜空，尽情地说笑，尽情地休憩。

(四)命题说话(请在以下话题中任选一题，共40分，限时3分钟)

1. 难忘的旅行。
2. 谈谈卫生与健康。

七、计算机辅助普通话水平测试流程

国家普通话水平智能测试系统是参加普通话水平测试所使用的软件，在考试过程中，考生可以按照测试程序的提示，逐步完成考试内容及相关操作。计算机辅助普通话水平测试流程为：指纹登录→核对考生信息→试音→考试→提交试卷。

(一)准备工作

参加普通话水平测试的考生应在规定测试时间之前30分钟到候测室报道。测试时间前15分钟，考务人员通知考生准备测试，考生交验准考证和身份证。随后，考生随考务人员进入采集室，验明二代身份证、采集指纹及现场照相(图6-1、图6-2)。

图6-1　验明二代身份证

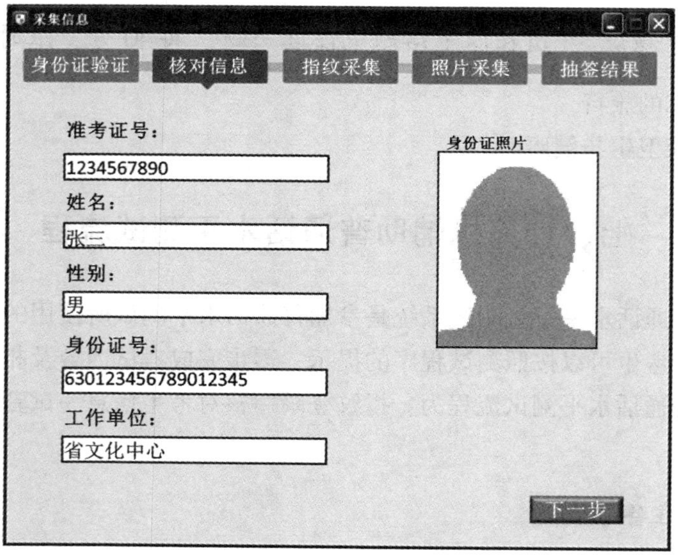

图 6-2 核对信息

请将右手拇指中心放在采集器上采集指纹，需连续采集 3 次(图 6-3)。

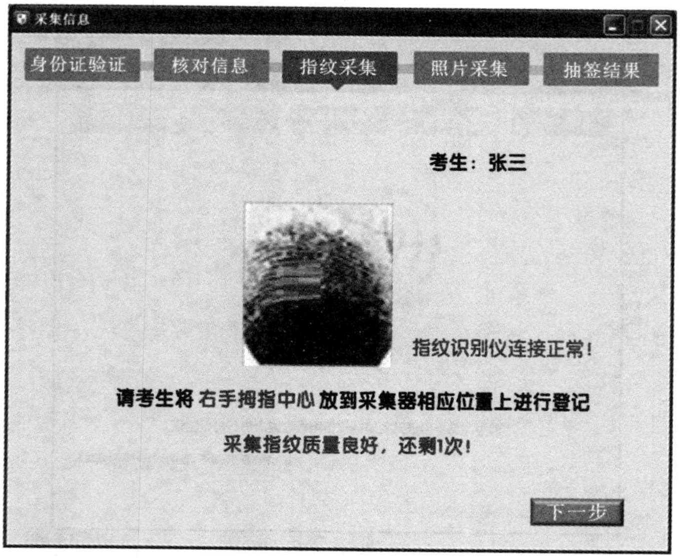

图 6-3 指纹采集

随后进行拍照，工作人员将应试人员照片上传到系统中(图 6-4)。

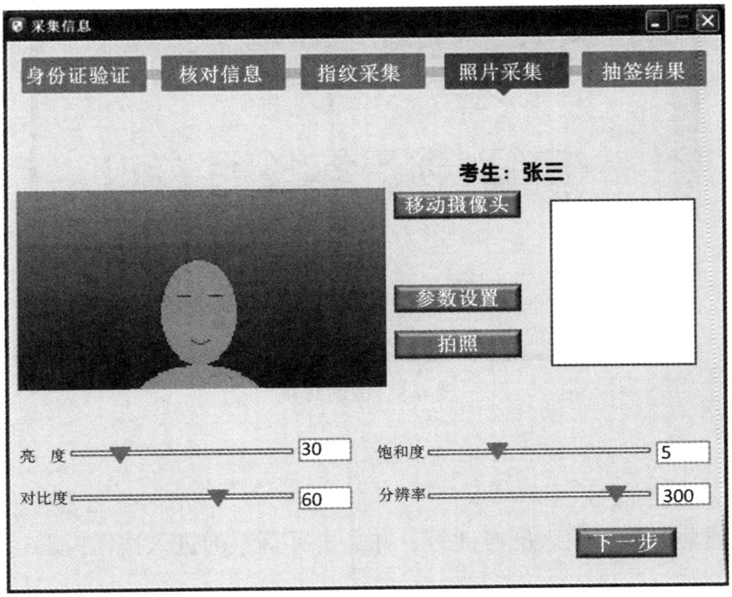

图 6-4 照片采集

信息采集完成后，应试人员按照考务人员安排进入备测室准备测试，上机即可以进行正式测试，充分提高计算机的使用效率。得到考务人员上机测试的通知后，进入测试室进行测试。考生不得在候测室、备测室及测试室内大声喧哗，进出测试室要轻开轻关门。除测试过程中必要的操作外，考生不得随意设置和操作计算机，由考生随意设置和操作造成的录音质量不好、死机、重新启动等后果由考生自负。测试过程中发生死机等异常现象，应报告管理人员进行处理，考生不要擅自处理。测试结束后考生应听从监考老师的指令，统一离开测试室，以保证测试顺利进行。

(二)考试操作

1. 佩戴耳机。

应试人员进入考场落座后，根据屏幕提示佩戴耳机(图 6-5)，并将麦克风调整到合适距离，保证麦克风在有效收音的同时，能将呼吸所造成的杂音排除在外，一般情况下麦克风距离嘴边 2~3cm。完成后点击下一步按钮。

图 6-5　佩戴耳机

2. 输入准考证号。

根据屏幕提示，输入准考证号，并点击屏幕上的进入按钮(图 6-6)。

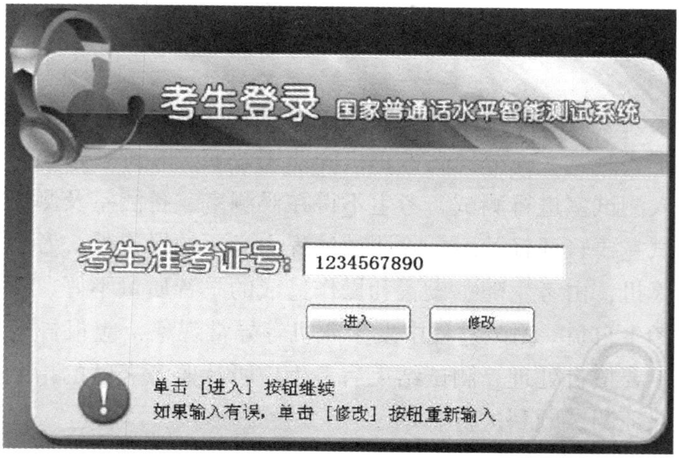

图 6-6　输入准考证号

3. 核对信息。

核对屏幕上所显示的准考证号、照片、姓名是否与准考证一致。如一致，请单击“确认”按钮进入下一步；如不一致，请点击“返回”按钮返回上一级，修改准考证号；如出现准考证号输入正确，但姓名、照片等信息与准考证号不一致的情况，请及时联系考务人员(图 6-7)。

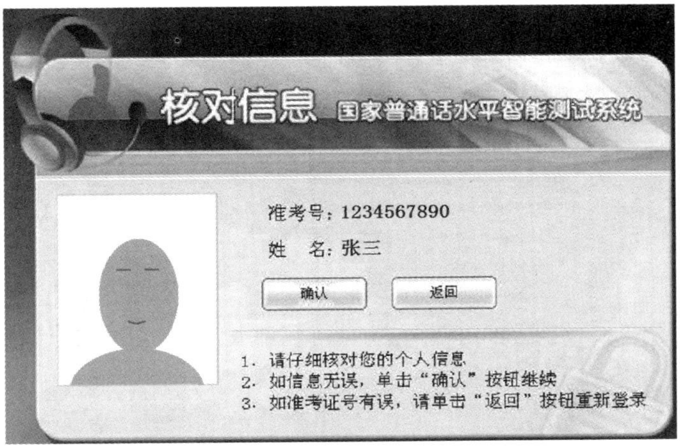

图 6-7　核对考生信息

4. 等待考试指令。

点击确认按钮后，页面会弹出“等待考试指令…”的提示信息，请等待考务人员的指令，准备试音(图 6-8)。

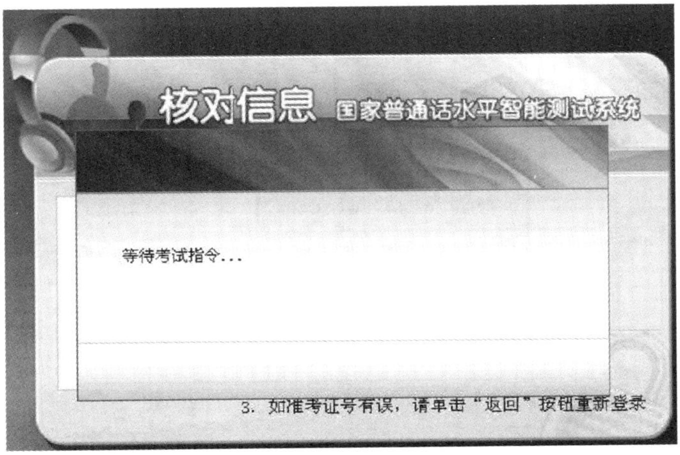

图 6-8　等待考试指令

5. 试音。

进入试音页面后，系统会播放提示语“现在开始试音，请务必在……”。请根据提示用适中的音量和语速，清晰朗读文本框中的个人信息(图 6-9)。

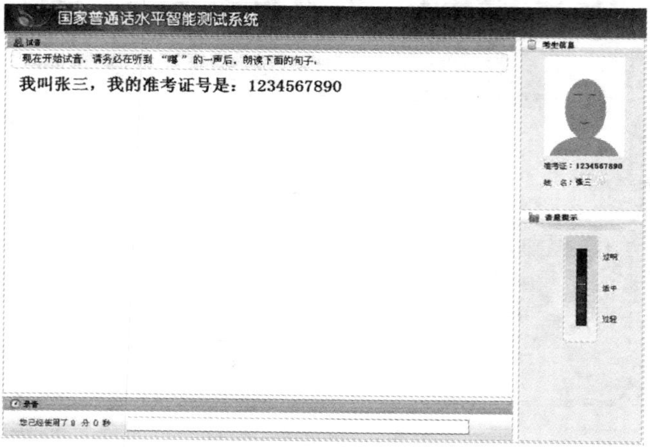

图 6-9　试音

试音结束后，系统会提示试音结果。若试音成功，系统会弹出对话框，显示“试音结束，点击‘确定’按钮继续考试!”(图 6-10)。

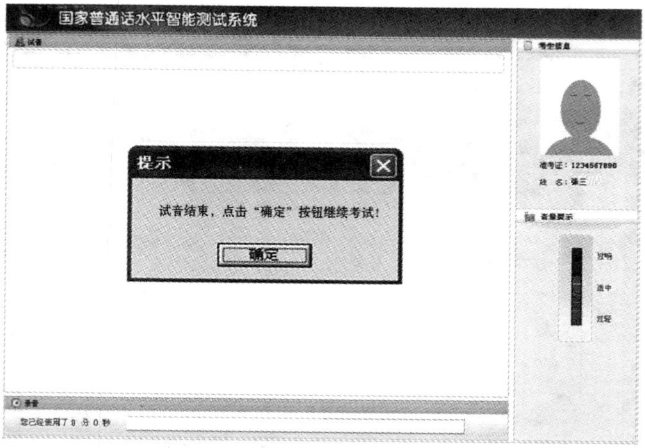

图 6-10　试音成功

若试音不成功，系统会弹出对话框，显示“试音不成功，需要再次试音”。点击“确定”重新进行试音。若再次试音失败，页面会弹出提示框，请点击“确定”按钮，与考务人员联系，进行妥善处理(图 6-11、图 6-12)。

图 6-11　试音失败

图 6-12　第二次试音失败

6. 考试开始。

(1)第一题，读单音节字词。

当系统进入第一题时，系统语音会提示“第一题，读单音节字词，限时3.5分钟，请横向朗读”。随后，当听到系统发出考试开始的提示音“嘟”后，开始答题(图6-13)。

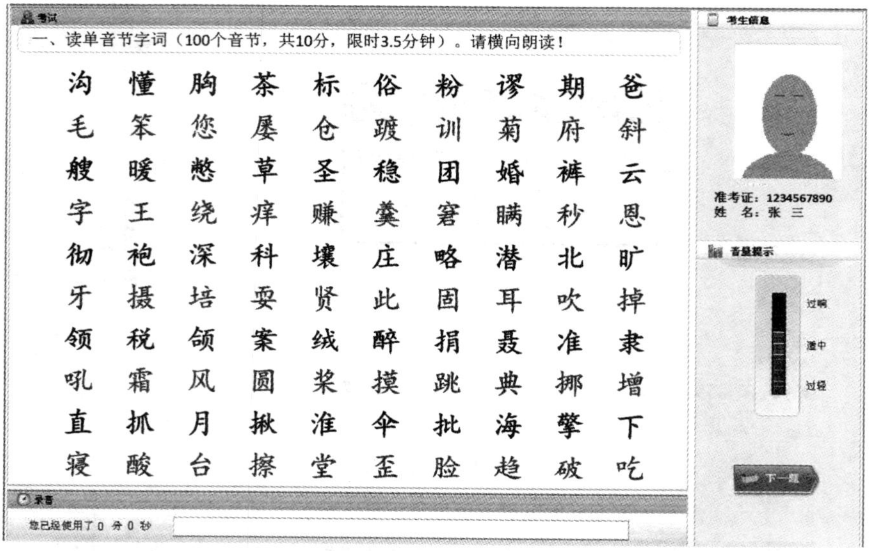

图6-13　第一题答题界面

页面下方有时间进度条，答题时请注意控制时间。已使用时间满3.5分钟后，系统会自动提交第一题，并进入第二题。如已读完所有100个音节，所用时间尚不满3.5分钟，可手动点击“下一题”提交第一题，并进入第二题的作答。

(2)第二题，读多音节词语。

当系统进入第二题时，系统语音会提示“第二题，读多音节词语，限时2.5分钟，请横向朗读”。随后，当听到系统发出考试开始的提示音“嘟”后，开始答题(图6-14)。

第二题答题已使用时间满2.5分钟后，系统会自动提交第二题，并进入第三题。如已读完所有词语，所用时间尚不满2.5分钟，可手动点击“下一题”提交第二题，并进入第三题的作答。

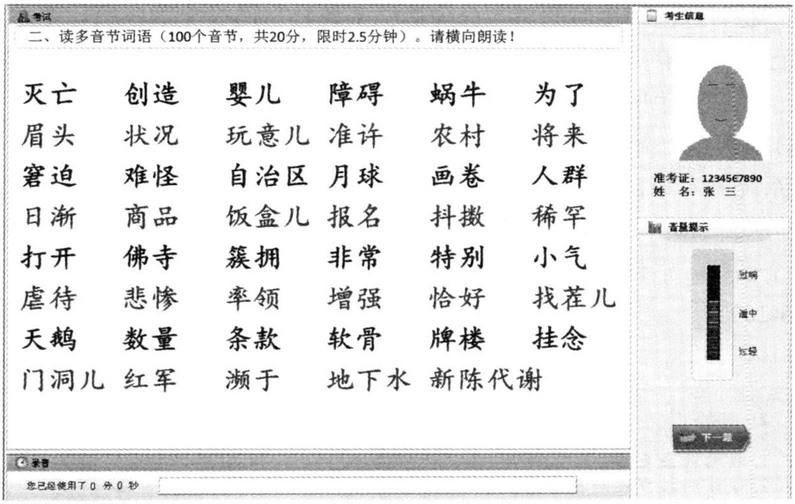

图 6-14　第二题答题界面

(3)第三题，朗读短文。

当系统进入第三题时，系统语音会提示“第三题，朗读短文，限时 4 分钟”。随后，当听到系统发出考试开始的提示音“嘟”后，开始答题(图 6-15)。

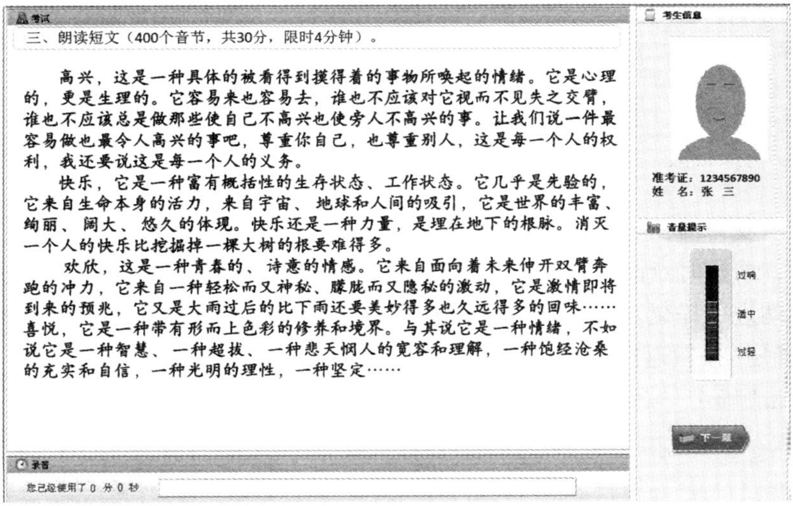

图 6-15　第三题答题界面

第三题答题已使用时间满 4 分钟后，系统会自动提交第三题，并进入第四题。如已读完所有词语，所用时间尚不满 4 分钟，可手动点击“下一题”提交第三题，并进入第四题的作答。

(4)第四题，命题说话。

当系统进入第四题时，系统语音会提示“第四题，命题说话，限时 3 分钟”。随后，当听到系统发出考试开始的提示音“嘟”后，开始答题。屏幕上将给出两个话题，请任选其一进行说话。在说话之前，必须说出自己所选择的题目(图 6-16)。

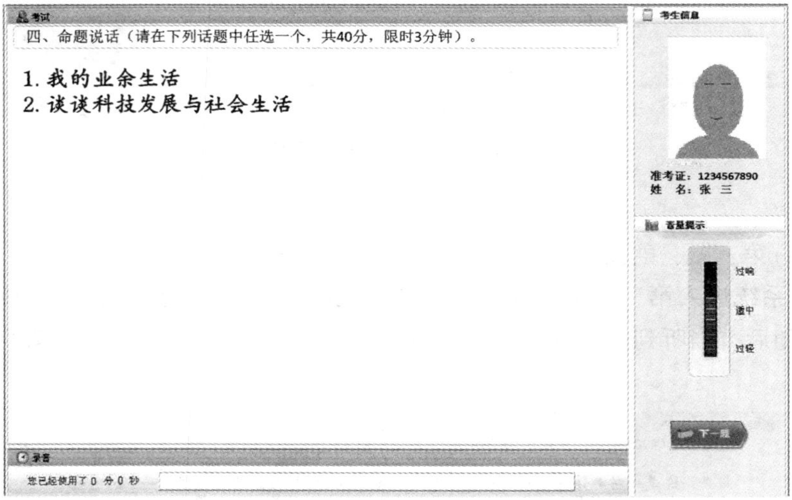

图 6-16　第四题答题界面

第四题与前三题在时间要求上有所不同。第四题必须说满 3 分钟。第四题结束后，请及时点击“提交”按钮进行提交。如果不点击“提交”按钮，系统可能会自动进行提交。点击“提交”按钮后，系统会弹出对话框显示“考试结束，点击‘确定’按钮返回登录页面”。

点击“确定”按钮后，所有考试结束，应试人员可离开考场。

第七章　普通话水平测试语音综合练习

一、读单音节字词

（一）应试要领

第一题共考查100个音节，限时3.5分钟，分值为10分。该部分考查的是应试人员单音节字词的声、韵、调的标准程度。因此，每一个音节的声、韵、调都要读清楚，而且每两个音节之间一定要有一定的间隔，不能一口气将一行中的十个音节连续读完。朗读时，不要漏读。如应试人员意识到某个音节读错，可重读一次。但考虑到机器识别不同于人工识别，为避免系统识别有误而影响该题的整体得分，应尽量避免回读。在朗读过程中，要找准合适的五度标准，所有相同调值都保持在同一高度，如："八、刊"等阴平音节读音必须都为55调值，不可将"八"读为55调值，将"刊"读为44调值。上声音节字词在朗读时，一定要读满调值214调，切忌读为211调。

（二）评分标准

1. 语音错误，每个音节扣0.1分。
2. 语音缺陷，每个音节扣0.05分。
3. 超时1分钟以内，扣0.5分；超时1分钟以上（含1分钟），扣1分。

（三）易误读单音节字词练习

拣	拧	鳃	遂	铀	幢	拗	扳	膘	埠	杈	抻
踔	皴	佃	舂	攒	锉	囤	篙	蚶	戟	暨	秸
攫	咯	棱	撂	蹓	绺	颀	掳	麓	捋	抡	摞
鳗	锚	卯	弥	捺	氖	拈	廿	啮	镍	泊	畦
扦	蜷	券	卅	缫	麝	砷	矢	舐	隋	螯	吮

俟　绥　梭　髓　拓　钛　邑　寅　尹　痈　酉　垣
咂　仄　憎　铡　砧　臻　贮　篆　椎　赘　拙　鬃

（四）模拟试题

模拟试题 1

军　拟　铃　世　诚　僻　逃　抓　缺　米　州　末
者　坟　下　筐　效　肿　略　庵　北　您　用　雏
滤　伐　腔　块　茬　仿　匀　栋　貂　朽　征　皖
黑　抖　组　遵　很　坪　戒　梭　咧　耗　闭　柑
苯　窘　民　寡　登　闻　拐　凝　唱　牙　驱　愁
棒　川　云　二　蹿　软　源　怯　抬　享　天　爽
奎　畔　死　活　墩　额　免　牛　词　礁　剑　瓮
波　簇　松　捻　仍　宰　鹿　糟　日　损　蟹　艘
犬　氦　陪　推

模拟试题 2

弱　文　衍　并　倾　醉　尊　赏　膘　枕　梯　莫
江　热　虾　凑　鸟　掠　瓦　蜕　葱　法　端　渴
琴　制　批　材　羽　爹　鬓　赶　掐　杭　缓　藤
宅　酸　萍　死　沾　雪　太　咧　杂　鬼　槽　逊
维　擦　闹　北　赔　面　篝　爽　鳍　能　亮　临
皆　儒　君　液　抓　耿　昂　有　方　字　凳　拙
束　俄　复　蛮　朽　夺　津　涩　选　而　傻　陈
坤　丑　驴　款　哨　股　农　踹　添　耐　拥　赤
捐　拐　波　穷

模拟试题 3

抄　秦　昂　品　夏　娘　死　饭　颌　责　嘱　蹿
绸　美　秧　掠　贬　欢　友　袍　寨　暖　光　局
兽　凝　让　舔　蔡　迈　我　急　赣　拐　辽　陇
磁　纳　盆　准　抓　原　渴　凸　平　孙　费　窘
二　外　廓　挖　憾　爽　怎　北　衡　群　蹈　统
鳃　椎　掐　尺　仓　垦　岳　杀　波　庙　跌　淹

漆 揭 水 拔 汝 雄 农 赠 日 贼 选 逼
袖 份 痘 膜 均 蹬 侧 桃 峰 蜕 去 丢
垂 卤 衔 鸥

模拟试题 4

爵 诈 龄 房 棕 垮 攻 阁 额 窍 瞥 拢
猛 囊 财 禀 酶 恩 选 摸 轨 戏 劳 亡
忍 吃 骗 淡 凑 条 插 账 阅 崩 军 赛
鳖 德 下 渠 奎 状 歪 贝 飞 捅 匹 俗
寻 苍 垒 滥 抻 攥 滑 掐 凭 有 谎 饷
曼 坎 吻 嚎 狗 捐 蒋 软 氏 封 搞 招
涮 曳 朵 侵 丢 淮 竹 我 窘 而 入 破
署 您 蹿 吹 踹 砌 裹 丝 恨 纱 自 台
蹲 女 用 仍

模拟试题 5

夕 吃 抓 黑 廊 院 圣 北 怀 掉 盆 荡
慌 绒 巧 算 砷 草 踩 娶 绪 抵 胎 臣
栽 瞥 拐 趴 厢 准 日 嘴 碟 四 粪 雨
评 波 蹿 骗 棱 括 型 浓 粗 甲 偷 坠
筹 晚 填 犁 潮 粤 峰 字 钩 缺 永 井
膜 特 伞 褶 娘 恰 广 选 魂 伍 鬓 刮
鼻 王 洛 坝 防 袄 买 唇 伙 范 穷 涉
襟 捺 暮 耳 流 葬 烤 栋 云 纠 争 款
如 霜 氨 均

模拟试题 6

缴 驻 羹 锐 胡 翁 关 若 掐 盆 桶 雪
您 塔 伞 脾 腐 灼 矛 拐 波 凑 软 内
二 挡 徐 癞 鬓 粪 蕨 娘 丹 屯 丰 离
憋 末 温 床 池 鞭 永 抓 炖 夏 怯 挖
点 捧 欺 运 鬃 浑 瓢 裂 砸 买 爽 命
此 毡 炕 窘 蔫 迷 夜 捕 想 愿 尘 捞

祆　搜　扭　权　丝　砍　水　龙　军　鹅　构　潮
甩　访　盯　醒　澈　唐　攥　揪　岩　黑　日　踹
渠　擦　郑　夸

模拟试题 7

滥　胀　穷　洒　丙　箭　宽　肠　辣　诉　耗　盒
歪　持　袜　熏　闯　内　乳　酸　心　垮　淌　再
铭　浦　敛　弓　丢　词　艇　女　黯　果　穴　浙
摸　篾　滨　裂　脓　洽　囊　随　睁　投　子　选
景　厘　附　条　险　踹　柔　蝶　用　热　曹　泛
波　察　拴　广　说　篇　脂　元　爬　黑　啃　惧
舜　彭　诊　懂　鸟　牙　导　白　曰　退　笙　窃
吼　运　则　稳　姬　耳　跟　鸥　胞　枪　存　奉
披　囚　讲　餐

模拟试题 8

远　尝　超　选　笨　锁　巴　响　自　捏　瑞　凝
挥　穷　民　吨　遣　迸　矫　霉　温　团　筒　摸
层　郭　葛　蜜　儿　腊　册　芽　扰　酉　攥　徐
彩　虹　安　磁　委　谎　整　桩　踹　运　楼　酸
纺　爬　掌　趋　劣　遵　代　锈　追　偏　键　酚
窘　黑　耸　勺　波　皱　怪　示　亡　洽　漾　堵
垮　尺　硫　蛙　条　沟　极　孵　您　买　棚　书
筐　群　壤　厥　锭　穴　砍　录　拴　害　扣　蛋
戳　澳　彼　蹄

模拟试题 9

秒　靶　胸　稻　梁　圃　灭　摆　狂　取　笨　梨
烤　搓　云　航　根　迟　桌　族　庵　惨　钩　癌
妇　润　辙　撅　躲　垮　恒　砂　德　四　波　烘
抠　忌　莫　卿　旅　焉　捐　嫩　信　明　臻　匪
位　鸭　腮　贫　瘟　爽　穴　抓　拐　谷　洒　穿
训　我　镭　荒　揍　铁　评　吹　税　您　全　米

访 灸 软 语 拿 丢 袍 蹭 泣 跷 冯 下
摊 融 田 次 用 饱 奖 快 瓮 愣 始 儿
糖 派 帐 攥

模拟试题 10

翁 哲 非 此 砚 崔 捧 测 敷 巢 披 失
信 凑 镁 钾 踹 躺 艘 览 浓 初 脱 波
瞥 围 欧 闰 字 按 广 兵 帘 铭 酸 甩
堤 铝 绞 枪 捡 蛀 蠢 游 搞 匀 我 蔽
阔 咬 贺 粉 池 所 儿 壤 瘸 胸 德 魂
穷 坑 撞 莫 晒 悦 洽 械 豹 杂 董 款
您 柳 葬 翻 嫩 拔 旗 辆 耍 柴 昭 选
闻 搭 缓 队 黑 容 固 卦 申 滕 昂 君
仍 眸 捐 许

模拟试题 11

梅 范 赣 找 涮 取 咂 秀 堵 您 达 险
蛇 恰 烟 捐 砍 抖 夏 账 内 噎 凑 惹
捞 均 颇 坐 源 贼 辆 腐 瘸 儿 死 额
搞 捶 酿 绺 矩 胸 拙 撑 影 忙 抓 闰
瓢 外 窗 蹿 松 池 之 耕 坪 领 受 洪
踹 垮 奶 馆 夺 缕 谎 峰 憋 盯 次 窘
歉 恩 荣 柴 鼻 闽 苦 莫 葬 半 爽 造
推 群 僧 态 西 魂 变 根 攫 幼 闻 簿
梯 鸟 涡 另

模拟试题 12

您 堕 扭 听 禾 拜 邀 倪 奸 氦 窍 另
鬓 样 捐 索 兽 菜 坤 匹 翼 怕 外 粉
杭 吃 瓢 温 壮 嗓 爽 末 甩 每 雄 鲁
方 搞 卦 缺 阶 窥 然 窜 致 册 芽 陡
肥 丝 挡 构 舔 轰 坎 恩 下 某 福 举
憎 柴 螺 响 德 骚 而 灌 略 凸 蝶 选

润 卫 撑 躁 藤 穷 尊 坛 恕 磁 抓 箔
屡 油 熔 浓 鬼 要 群 征 漆 邪 军 尘
本 奥 傻 周

模拟试题 13

艇 蹬 胸 踹 甘 怕 瓮 鸟 蜕 躲 贼 哲
垢 词 肉 吨 愣 啃 死 谜 溶 扯 史 刮
田 窗 蒋 槽 膜 嗓 龙 貂 氨 暮 糠 府
川 团 二 娶 硬 粉 嘴 粤 夏 评 广 优
害 培 搏 镍 抓 炎 均 装 恩 棍 选 溺
烤 确 充 爆 治 剖 群 穷 蹦 脾 铁 做
审 粱 麦 拎 灰 愁 梭 您 航 喜 链 补
软 疯 菊 赚 挖 返 详 倦 歪 撵 架 渔
败 裘 擦 舒

模拟题 14

搓 欧 掠 墙 耸 软 皮 短 纹 次 耳 选
洪 拐 牙 稠 云 刷 瑟 特 签 床 衍 鸟
鳖 排 风 训 息 垦 饼 寨 柔 价 蟒 矮
蚕 滚 桶 北 仙 靠 犯 臀 翁 增 歪 由
锐 流 寝 活 民 沈 矿 浮 穷 速 眯 昭
逆 蒸 碟 窘 镁 绢 螯 失 棚 领 尺 舱
败 标 内 奖 取 挖 杂 辣 碎 官 准 旱
丝 破 追 攥 郊 赌 阅 退 撤 潇 摸 份
恕 郝 驴 锭

模拟试题 15

讲 下 辱 柯 俗 您 囊 热 抿 美 外 团
乖 扔 悟 捐 户 却 说 酿 寡 婚 剖 汪
穿 氯 问 凡 董 登 毕 砸 而 愁 锤 雄
潭 编 画 傻 雨 怎 表 订 杖 岭 艇 窄
礁 群 法 偶 抛 耸 也 虹 桩 卓 娶 嗅
非 良 察 层 栓 四 军 莫 此 财 质 开

款 枣 积 惜 春 篾 压 恋 德 堰 学 持
祸 抓 嫩 隶 谬 赏 穷 道 昂 柜 权 宝
攀 驳 忧 凑

模拟试题 16

鼓 委 娘 念 蛙 列 烫 杭 燥 颇 弱 踹
份 婴 俗 飞 词 曹 儿 表 甲 弥 瘸 掀
蠢 抵 仪 去 怎 垂 囚 擦 栋 艘 刻 末
鼎 筐 藕 捐 蹭 柳 虚 屯 歪 能 锁 腿
卖 放 搬 稻 运 臣 噎 庄 活 暂 筛 廖
冢 叛 商 胸 墙 容 氏 歇 寡 选 浑 垮
芽 每 苯 群 弧 进 窘 摄 孙 淡 子 触
民 迟 宾 杂 暖 关 掠 果 剖 聋 彩 贫
腭 专 瑞 招

模拟试题 17

袄 制 遣 均 扭 雕 月 您 哑 若 策 赛
夏 防 死 跳 版 寂 瓮 入 顶 镶 蕊 圆
跟 纱 弃 蓬 贱 羽 驱 攻 雄 满 肘 眉
穷 捐 汪 坤 筐 滨 滚 剖 弊 朽 神 二
底 葬 抓 损 筑 氧 牙 擦 掂 踹 铃 黑
奎 坏 搏 改 买 瓶 哨 奉 唬 疗 腐 推
漏 陪 诚 窜 德 钠 团 泛 拜 昂 贴 搓
内 群 咧 融 姓 涡 始 膜 缩 子 决 痕
虫 刷 桃 吕

模拟试题 18

选 走 潮 绘 捕 蜕 洽 煅 腊 塘 鹰 匪
碘 灭 窘 凑 示 绝 滚 倦 挫 踩 闰 广
留 磁 陕 胸 迷 冯 沁 京 恩 棕 冰 恐
云 拈 辽 沪 疼 四 器 呕 面 斟 扭 绥
访 夺 很 茶 牌 跨 抓 陡 惹 挖 破 机
温 伤 养 巴 妙 丈 考 倍 崩 谭 彭 怀

领	临	含	斋	砖	下	突	我	遇	缺	池	蕊
趋	爹	革	熏	摸	癖	搔	床	婶	攥	踹	液
宠	怒	翔	耳								

模拟试题 19

拼	东	选	法	瞥	志	害	摘	乳	岭	嫩	扣
挖	雄	右	鼻	佯	页	慌	毒	贴	特	群	铡
厅	凑	吃	腌	鳃	而	夏	润	凿	九	戳	子
窘	水	内	扰	弱	体	饱	蜜	陕	裂	外	拴
昂	添	虽	偶	齐	旷	轮	冢	壶	钡	耸	擦
颇	珠	勉	压	静	铭	翁	川	贩	邻	亏	球
票	锤	确	枫	爵	城	夺	捐	痕	次	寻	康
窗	钓	莫	取	许	寡	亮	槐	梗	购	您	赣
泽	赏	暖	板								

模拟试题 20

陕	绺	柄	至	雏	特	末	疲	睡	佟	刊	边
酿	挪	丝	碾	准	瀑	内	僧	坠	须	腔	封
抑	孔	潜	鼎	运	稿	潘	问	穷	债	尺	锦
嫩	博	多	婶	说	九	萤	雪	苍	宗	外	踹
蕊	床	捐	裁	宝	宽	揉	宾	洪	陋	洒	下
滑	砸	眸	弃	粉	德	胸	爬	秒	航	抵	原
家	隋	铝	叼	竖	卒	责	径	睁	让	劳	瓜
鳌	费	儿	此	锉	赖	训	怎	抓	广	贴	窃
癌	万	耿	曰								

二、读多音节词语

(一) 应试要领

第二题共考查 100 个音节，限时 2.5 分钟，分值为 20 分。该部分考查的是应试人员声母、韵母、声调和变调、轻声、儿化读音以及重音格式的标准程度。应试人员在朗读词语时，要保持单个词语的语音连贯，而不能将其读成两个单音节字的拼合。朗读时，每两个词语之间也要有一定的时间间隔，不能一口气无停顿地将整行连续读完。该部分包括 4 个必读轻声词语、4 个儿化词语，还有至少 3 个上声—上声组合词语。每一个音节的声、韵、调都要读清楚。该部分同样可以重读一次，但应尽量避免回读。朗读过程中，要找准合适的五度标准，所有相同调值都保持同一高度。以上声音节结尾的词语，一定要读满调值 214 调，切忌读为 211 调。

（二）评分标准

1. 语音错误，每个音节扣 0.2 分。
2. 语音缺陷，每个音节扣 0.1 分。
3. 超时 1 分钟以内，扣 0.5 分；超时 1 分钟以上（含 1 分钟），扣 1 分。

（三）易误读多音节词语练习

包扎	编辑	编纂	摒弃	不啻	财会	猖獗	处女	创口
巢穴	炽热	充血	挫折	当成	当做	电荷	调拨	葶片
粉末	梵文	分子	符合	复辟	感慨	给以	供给	供应
混淆	尽管	尽量	开辟	两栖	潦倒	嶙峋	翎子	流血
露骨	露天	露珠	埋藏	闷热	迷惘	猕猴	蓦然	勉强
内疚	狞笑	疟疾	讴歌	毗邻	脾胃	脾脏	偏颇	扑克
绮丽	企图	潜藏	潜伏	潜入	潜水	潜艇	亲昵	曲面
曲轴	躯壳	确凿	剖面	热忱	热血	妊娠	蹂躏	思忖
唆使	蓑衣	纱锭	商贾	商榷	神龛	拾掇	适当	倏然
水泵	水獭	弹劾	搪瓷	绦虫	剔除	题材	田埂	挑剔
挑衅	跳蚤	铁锹	涂抹	吐血	吐露	湍流	拖累	唾沫
瓦砾	未遂	桅杆	戏谑	慰藉	侮辱	吸吮	下颌	纤维
鲜血	纤细	相称	相符	泄露	械斗	心血	胸脯	旋涡
削弱	穴位	血管	血汗	血红	血迹	血泪	血脉	血泊
血肉	血色	血糖	血腥	血型	血压	血液	血缘	殷红
湮没	眼睑	影片	一瞥	依偎	淫秽	荫庇	应届	应允
黝黑	淤积	冤枉	运载	着急	召开	照片	针灸	脂肪
贮藏	载体	载重	啧啧	憎恨	憎恶	择菜	债券	招徕
招牌	爪牙	震颤	正月	症结	执拗	桎梏	中肯	中意
诸位	主角	伫立	贮备	专横	撰写	着落	着意	阻塞
钻探	钻头	作坊	潜移默化	有的放矢				

（四）模拟试题

模拟试题 1

谬论	佛像	干脆	交流	亲切	超额	成为
念叨	八卦	年头儿	话筒	老头儿	奔涌	她们
蒜瓣儿	少女	收购	障碍	奇怪	命运	妥当
豆芽儿	马匹	核算	坚持	线圈	打击	私人
衰弱	罚款	创造性	群体	战略	赤手空拳	定律
主宰	婴儿	土匪	科学家	新娘	辩驳	财政
赔偿	繁殖	双重	撇开	嗓子	红润	

模拟试题 2

快乐	从而	火苗儿	授予	西欧	血液	责任感
难怪	温带	窘迫	似的	爪子	红娘	诚恳
侵略	恰巧	风格	报废	牛犊	意思	电压
存在	后面	编写	国王	换算	苍穹	力量
毛骨悚然	健全	发狂	掌管	卤水	部分	吵嘴
半导体	碎步儿	悲哀	谬误	均匀	少女	今日
小说儿	仍然	佛教	聊天儿	未遂	旋转	

模拟试题 3

牛顿	政权	水鸟	策略	悲哀	开会	中外
佛法	引导	思考	英雄	日益	坎肩儿	孙女
消灭	花瓶	办公室	新娘	小瓮儿	客气	群体
军粮	月份	而且	大伙儿	拼凑	盎然	进化论
先生	根据	钻头	收成	荒谬	抑扬顿挫	作者
审美	国王	规格	压力	嫂子	灾难	恰当
串联	窘迫	面孔	牙签儿	宣布	挂帅	

模拟试题 4

自然界	苦恼	记事儿	发票	热爱	跳高儿	小曲儿
王朝	罪恶	上层	佛经	症状	夏季	学习

铁青	运动	巴掌	分配	水果	天真	交流
行当	在这儿	租用	新娘	虐待	文明	绘画
飞快	恰好	外面	窘迫	男女	层出不穷	大量
次日	冲刷	而且	随便	公民	老爷	客观
迅速	完备	螺旋桨	谬论	火坑	苗头	

模拟试题 5

垂危	被窝儿	柔软	封闭	出类拔萃	王后	科学家
高昂	舒坦	佛经	安排	地层	然而	支持
元素	夏天	麻花儿	思索	南方	总额	家乡
紧缺	谬论	苟且	纳粹	稳当	区别	送信儿
妇女	开业	定律	人群	上吊	空子	剥削
工程师	眷恋	贫穷	舌头	分工	配合	红军
创造	扭转	坎肩儿	应用	快乐	率领	

模拟试题 6

群众	虐待	谬论	金丝猴	胸脯	首尾	折磨
个别	大娘	哈密瓜	扯皮	作品	吹牛	人影儿
侨眷	完备	奔跑	如下	夸张	允许	在乎
关卡	以外	富翁	佛寺	穷人	畅所欲言	棉花
婴儿	钢铁	疯狂	妥当	怀念	仍然	摧毁
骄傲	线轴儿	质量	战略	钉子	安全	跳高儿
挨个儿	双亲	农村	杀害	累赘	财产	

模拟试题 7

妥当	家伙	叫好儿	操办	完全	命运	何况
山川	英雄	爱国	温柔	妇女	抢险	美酒
规律	村子	高涨	飘动	录音机	课程	瓦斯
儿童	正确	大娘	遵循	按照	人才	与日俱增
差别	主人翁	日益	天鹅	书卷	破坏	苗头
佛典	无穷	涅槃	品位	开垦	被窝儿	飞快
横扫	血管	钢镚儿	凉爽	图钉儿	总结	

模拟试题 8

笼子	别扭	啄木鸟	钢铁	权力	双亲	肚脐儿
另外	上下	通讯	必须	脸盘儿	疲倦	佛像
难怪	场所	榨取	千瓦	窘迫	因而	遵照
维持	来不及	周年	逃窜	悄声	将军	从小
调和	抓获	门洞儿	打倒	崩溃	急中生智	帮忙
眉头	黄昏	虐待	木偶	补丁	逗乐儿	仍然
分配	硫酸	操作	妇女	感慨	一直	

模拟试题 9

低洼	干脆	恰好	因而	群众	妇女	开垦
影响	未曾	浪费	参议院	怀抱	荒谬	透明
配合	马车	昂然	冬天	主人翁	做活儿	侵略
爽快	缘故	纳税	牛顿	虐待	清楚	后顾之忧
日用	教训	随便	扇子	加以	佛寺	灭亡
热爱	小瓮儿	年龄	频率	花纹	拱手	唱歌儿
区别	窘迫	脸盘儿	夸张	篡夺	洗澡	

模拟试题 10

劳动者	石榴	名堂	冠军	身份	花瓶儿	修养
母体	偶尔	民间	亏损	做活儿	上空	捣毁
穷人	群众	恰好	望远镜	废水	富翁	专门
小鞋儿	波长	佛学	哀愁	夸张	辩证	有的放矢
愿意	多寡	名牌儿	参加	国王	疲倦	快速
拍摄	红娘	扭曲	润滑	侵略	豆子	安培
利用	差额	个别	打算	层次	外部	

模拟试题 11

家眷	白日	戒指	讲学	斑驳	快乐	恰好
专门	明确	亏损	病原体	昂然	朋友	作风
奋斗	东欧	无穷	运行	配套	拉链儿	点火
梨核儿	生存	违法	农产品	船长	女婿	合用
佛像	唱歌儿	躲闪	已经	调整	小瓮儿	刺激

随便	考古	民族	大褂儿	荒谬	内在前往	深刻
镊子	从而	冲刷	马铃薯	探索		

模拟试题 12

老实	追求	开放	敏感	权利	碰撞	核算
命运	驳回	露馅儿	大王	春天	虐待	财政
因而	葡萄	宣布	夸张	低洼	手工业	彼此
叫好儿	钢铁	错综	复杂	勇于	煎熬	耽搁
佛像	在这儿	群众	穷尽	小瓮儿	随后	大显身手
日记	昂然	外面	学生	窗子	分配	丢人
苦果	肺活量	亏损	洽谈	加快	男女	

模拟试题 13

犬齿	国王	海轮	短波	牛顿	挨个儿	定额
批准	吵嘴	也许	金丝猴	小子	穷人	录用
挖掘	而且	收摊儿	合同	扩散	力量	训练
富翁	创造	佛经	罢工	天下	夸张	明日
摧残	东北	太阳能	转悠	奇怪	原因	政策
赔偿	夹缝儿	飞快	群众	微弱	跳高儿	岁数
虐待	门口	安排	屡见不鲜	爆炸	神秘	

模拟试题 14

新闻	抓获	怀念	题材	饱和	宣传	啄木鸟
内外	往日	上层	浪费	推广	夸大	因而
的确	老板	英雄	罪恶	放松	人群	会计
砂轮儿	关卡	照片	亏损	女婿	军事	丰满
战略	存在	厚薄	佛寺	邮戳儿	高昂	过分
钉子	淋巴结	气象	收摊儿	动静	撇开	单位
姑娘	用处	鱼漂儿	百科全书	荒谬	加热	

模拟试题 15

爱国	窘迫	衰变	伴随	增强	尽管	配偶
委托	冲刷	日常	无可奈何	人员	批发	描绘

持续	男女	大伙儿	图钉儿	存在	处死	精确
总统	灭亡	教训	宅子	恰好	夸张	扫帚
枢纽	完全	避雷针	特别	灯泡儿	愉快	电压
用力	刚才	折腾	谬论	光芒	运行	侵略
茅草	内燃机	耳朵	粉红	露馅儿	佛像	

模拟试题 16

主人	翁棉	球儿	创作	火锅儿	害怕	类似
嘟囔	别扭	侵略	小巧	顺序	压力	婴儿
感慨	课外	花样儿	明快	粪便	霜冻	色光
真空	对偶	拳头	散发	钢铁	瓜子儿	强大
存在	重点	车站	喜欢	佛学	妇女	家庭
均匀	试卷	耗费	障碍	完整	必然性	才能
日报	少年	频率	拥挤	鲁莽	摧残	窘迫
趁早						

模拟试题 17

未曾	勺子	儿童	勉强	人群	咳嗽	热爱
会计	并且	夸张	码头	从来	男女	厌倦
杂院儿	腿脚	恰当	血管	跳高儿	提倡	报酬
小说儿	反驳	文化	佛典	硫酸	虐待	丢掉
涌现	创造	灭亡	水准	大婶儿	配偶	规矩
昔日	遵循	琳琅满目	富翁	镇压	批评	私有制
成熟	政策	贫穷	外部	肺活量	黄金	

模拟试题 18

拉链儿	抓获	小丑	真诚	恩情	散文	夸张
累赘	以往	辨别	条理	坏人	日光	下降
从中	思考	虐待	宣布	进口	窘迫	通讯
佛法	荒谬	多么	奥运会	未曾	锯齿儿	山头
短缺	开窍儿	原则	零碎	少女	大娘	飞机
民兵	需求	批评	图书馆	而且	在这儿	仍然
外感	混合	电压	租用	早上	农村	胖子

模拟试题 19

战略	向日葵	梆子	主人翁	然而	血液	生存
菩萨	未曾	饥饿	马匹	医院	花样儿	军队
蛋清儿	非常	方便	责怪	疯狂	安全	创作
收缩	苍白	外界	宽阔	小说儿	甘蔗	佛寺
温暖	冲刷	谬误	好歹	灌溉	群众	背后
下来	调整	淋漓尽致	根本	念头	取舍	信用
恰当	毛驴儿	宫廷	祖宗	窘迫	牛顿	

模拟试题 20

夸张	不在乎	收摊儿	往日	操作	平均	装置
财产	爽朗	裸体	葡萄糖	热量	扁担	接洽
泪珠儿	存款	昆虫	蜗牛	成员	权力	会计
脖子	荒谬	沙发	非常	挂钩	门票	规矩
群众	衰减	公用	点滴	亏损	佛学	夏天
虐待	打嗝儿	新娘	恶化	方案	也许	因而
传说	人影儿	核算	描绘	仍然	雄伟	四周

三、朗读短文

(一)应试要领

本题限时4分钟，分值为30分。该部分旨在考查应试人员在有文本依托的情况下使用普通话朗读的语音标准程度。在考查应试人员声、韵、调的同时，重点考查语流音变、停连、语调和流畅程度。应试人员只须朗读所给短文的前400个音节，即读完短文中标注“//”的前一个音节即可停止朗读。

应试人员容易在该部分出现的问题有错漏、增读和停连不当。错读：易误读为形近字或平时缺少正确的普通话语音积累，导致错误的出现。比如54号作品中的“一曰无事以当贵，二曰早寝以当富，三曰安步以当车，四曰晚食以当肉”。在不熟悉短文的情况下，如果将这一句中的“曰”读作“日”，“当”的声调读作阴平，那么这一句就会被扣除0.8分。漏读：应试人员由于对短文的不熟悉、紧张、粗心等各种原因，经常会出现漏读的现象。尤其是在一些比较拗口的句子中漏读现象更为常见。比如在3号作品中，有这样一个句子：“花儿也不再在它身边生长。”由于“再”和“在”两个同音字连在一起，很多人容易漏读“再”，读成“花儿也不在它身边生长”。增读：应试人员在朗读时，往往会习惯性地增加一些字词。比如10号作品中的“所有的家信都是妈写的”读为“所有的家信都是妈妈写的”；18号作品中的“哦，小桥走进我的梦中”读为“哦，小桥走进了我的梦中”。

在朗读时，如果一个词或者一个句子读错了，切忌回读，应继续完成未读的部分。如出现回读，将会视情况扣0.5分、1分或2分。

（二）评分标准

1. 每错1个音节，扣0.1分；漏读或增读1个音节，扣0.1分。
2. 声母或韵母的系统性语音缺陷，视程度扣0.5分、1分。
3. 语调偏误，视程度扣0.5分、1分、2分。
4. 停连不当，视程度扣0.5分、1分、2分。
5. 朗读不流畅（包括回读），视程度扣0.5分、1分、2分。
6. 超时扣1分。

（三）普通话水平测试朗读用作品

作品1号

那是力争上游的一种树，笔直的干，笔直的枝。它的干呢，通常是丈把高，像是加以人工似的①，一丈以内，绝无旁枝；它所有的丫枝②呢，一律向上，而且紧紧靠拢，也像是加以人工似的，成为一束③，绝无横斜逸出④；它的宽大的叶子也是片片向上，几乎⑤没有斜生的，更不用说倒垂了；它的皮，光滑而有银色的晕圈⑥，微微泛出淡青色。这是虽在北方的风雪的压迫⑦下却保持着倔强⑧挺立的一种树！哪怕只有碗来粗细罢⑨，它却努力向上发展，高到丈许，两丈，参天耸立⑩，不折不挠⑪，对抗着西北风。

这就是白杨树，西北极普通的一种树，然而决不是平凡的树！

它没有婆娑⑫的姿态，没有屈曲盘旋⑬的虬枝⑭，也许你要说它不美丽——如果美是专指“婆娑”或“横斜逸出”之类而言，那么，白杨树算不得树中的好女子；但是它却是伟岸，正直，朴质，严肃，也不缺乏温和，更不用提它的坚强不屈与挺拔，它是树中的伟丈夫⑮！当你在积雪初融的高原上走过，看见平坦的大地上傲然挺立这么一株或一排白杨树，难道你就只觉得⑯树只是树，难道你就不想到它的朴质，严肃，坚强不屈，至少也象征了北方的农民；难道你竟一点儿[17]也不联想到，在敌后的广大//土地上，到处有坚强不屈，就像这白杨树一样傲然挺立的守卫他们家乡的哨兵！难道你又不更远一点想到这样枝枝叶叶靠紧团结，力求上进的白杨树，宛然象征了今天在华北平原纵横决荡用血[18]写出新中国历史的那种精神和意志。

节选自茅盾《白杨礼赞》

①似的 shì · de
②丫枝 yāzhī
③一束 yíshù
④横斜逸出 héngxiéyìchū
⑤几乎 jīhū
⑥晕圈 yùnquān
⑦压迫 yāpò
⑧倔强 juéjiàng
⑨罢 · ba
⑩耸立 sǒnglì
⑪不折不挠 bùzhé-bùnáo
⑫婆娑 pósuō
⑬屈曲盘旋 qūqūpánxuán
⑭虬枝 qiúzhī
⑮丈夫 zhàngfū
⑯觉得 jué · de
⑰一点儿 yìdiǎnr
⑱血 xiě

作品 2 号

两个同龄的年轻人同时受雇于一家店铺，并且拿同样的薪水[1]。

可是一段时间后，叫阿诺德的那个[2]小伙子青云直上，而那个叫布鲁诺的小伙子却仍在原地踏步。布鲁诺很不满意老板的不公正待遇[3]。终于有一天他到老板那儿[4]发牢骚[5]了。老板一边耐心地听着他的抱怨[6]，一边在心里[7]盘算[8]着怎样向他解释清楚他和阿诺德之间的差别[9]。

“布鲁诺先生[10]，”老板开口说话了，“您现在到集市上去一下[11]，看看[12]今天早上[13]有什么[14]卖的。”

布鲁诺从集市上回来[15]向老板汇报说，今早集市上[16]只有一个农民拉了一车土豆[17]在卖。

“有多少[18]？”老板问。

布鲁诺赶快戴上[19]帽子又跑到集上[20]，然后回来告诉[21]老板一共四十袋[22]土豆。

“价格[23]是多少？”

布鲁诺又第三次跑到集上问来了价格。

“好吧，”老板对他说，“现在请您坐到这把椅子上一句话也不要说，看看阿诺德怎么说。”

阿诺德很快就从集市上回来了。向老板汇报说到现在为止只有一个农民在卖土豆，一共四十口袋[24]，价格是多少多少；土豆质量[25]很不错，他带回来一个让老板看看。这个农民一个钟头以后还会弄来几箱西红柿，据他看价格非常公道。昨天他们铺子的西红柿卖得很快，库存已经不//多了。他想这么便宜[26]的西红柿，老板肯定会要进一些的，所以他不仅带回了一个西红柿做样品，而且把那个农民也带来了，他现在正在外面等回话呢。

此时老板转向了布鲁诺，说：“现在您肯定知道为什么阿诺德的薪水比您高了吧！”

节选自张健鹏、胡足青主编《故事时代》中《差别》

①薪水 xīn · shui
②那个 nà · ge/nèi · ge
③待遇 dàiyù
④那儿 nàr
⑤牢骚 láo · sāo
⑥抱怨 bào · yuàn
⑦心里 xīn · lǐ
⑧盘算 pán · suan
⑨差别 chābié
⑩先生 xiān · sheng
⑪一下 yíxià/yíxiàr
⑫看看 kàn · kan
⑬早上 zǎo · shang
⑭什么 shén · me
⑮回来 huí · lái
⑯集市上 jíshì · shàng
⑰土豆 tǔdòu/tǔdòur
⑱多少 duō · shao
⑲戴上 dài · shàng
⑳集上 jí · shàng
㉑告诉 gào · su
㉒四十袋 sìshídài
㉓价格 jiàgé
㉔口袋 kǒu · dai
㉕质量 zhìliàng
㉖便宜 pián · yi

作品 3 号

我常常遗憾我家门前那块[1]丑石：它黑黝黝[2]地卧在那里，牛似的[3]模样[4]；谁[5]也不知道是什么[6]时候[7]留在这里的，谁也不去理会它。只是麦收时节，门前摊了麦子，奶奶[8]总是说：这块丑石，多占地面呀，抽空[9]把它搬走吧。

它不像汉白玉那样[10]的细腻，可以刻字雕花，也不像大青石那样的光滑，可以供[11]来浣纱[12]捶布。它静静地卧在那里，院边的槐荫没有庇覆[13]它，花儿[14]

也不再在它身边生长。荒草便繁衍[15]出来[16]，枝蔓[17]上下，慢慢地，它竟锈上了绿苔[18]、黑斑。我们这些做孩子的，也讨厌起它来，曾合伙要搬走它，但力气又不足；虽时时咒骂它，嫌弃它，也无可奈何，只好任它留在那里了。

终有一日，村子里来了一个天文学家。他在我家门前路过，突然发现了这块石头[19]，眼光立即[20]就拉直了。他再没有离开，就住了下来[21]；以后又来了好些人，都说这是一块陨石[22]，从天上落下来[23]已经有二三百年了，是一件了不起[24]的东西[25]。不久便来了车，小心翼翼地将它运走了。

这使我们都很惊奇，这又怪又丑的石头，原来是天上的啊[26]！它补过[27]天，在天上发过[28]热、闪过[29]光，我们的先祖或许仰望过[30]它，它给了他们光明、向往、憧憬；而它落下来了，在污土里，荒草里，一躺就//是几百年了！

我感到自己的无知，也感到了丑石的伟大，我甚至怨恨它这么多年竟会默默地忍受着这一切！而我又立即深深地感到它那种不屈于误解、寂寞的生存的伟大。

节选自贾平凹《丑石》

①那块 nàkuài/nàkuàir
②黑黝黝 hēiyǒuyǒu/hēiyōuyōu
③似的 shì · de
④模样 múyàng
⑤谁 shéi/shuí
⑥什么 shén · me
⑦时候 shí · hou
⑧奶奶 nǎi · nai
⑨抽空 chōukòng/chōukòngr
⑩那样 nàyàng
⑪供 gōng
⑫浣纱 huànshā
⑬庇覆 bìfù
⑭花儿 huār
⑮繁衍 fányǎn
⑯出来 · chū · lái
⑰枝蔓 zhīmàn
⑱绿苔 lǜtái
⑲石头 shí · tou
⑳立即 lìjí
㉑住了下来 zhù · le · xià · lái
㉒陨石 yǔnshí
㉓落下来 luò · xià · lái
㉔了不起 liǎo · buqǐ
㉕东西 dōng · xi
㉖啊 · ya
㉗补过 bǔ · guo
㉘发过 fā · guo
㉙闪过 shǎn · guo
㉚仰望过 yǎngwàng · guo

作品 4 号

在达瑞八岁的时候[1]，有一天他想去看电影[2]。因为[3]没有钱，他想是向爸妈要钱，还是自己挣钱。最后他选择了后者。他自己调制[4]了一种汽水[5]，向过路的行人出售。可那时正是寒冷的冬天，没有人买，只有两个人例外——他的爸爸[6]和妈妈[7]。

他偶然有一个和非常成功的商人[8]谈话的机会[9]。当他对商人讲述了自己的"破产史[10]"后，商人给了他两个重要的建议：一是尝试为别人解决一个难题；二是把精力集中在你知道的、你会的和你拥有的东西上。

这两个建议很关键。因为对于一个八岁的孩子而言，他不会做的事情很多。于是他穿过大街小巷，不停地思考：人们会有什么难题，他又如何利用这个机会？

一天，吃早饭时父亲[11]让达瑞去取报纸。美国的送报员总是把报纸从花园篱笆[12]的一个特制的管子里塞[13]进来。假如你想穿着睡衣舒舒服服[14]地吃早饭和看报纸，就必须离开温暖的房间，冒着寒风，到花园去取。虽然路短，但十分麻烦[15]。

当达瑞为父亲取报纸的时候，一个主意[16]诞生了。当天[17]他就按响邻居[18]的门铃，对他们说，每个月只需付给他一美元，他就每天早上[19]把报纸塞到他们的房门底下[20]。大多数人都同意了，很快他有//了七十多个顾客。一个月后，当他拿到自己赚的钱时，觉得[21]自己简直是飞上了天。

很快他又有了新的机会，他让他的顾客每天把垃圾袋放在门前，然后由他早上运到垃圾桶里，每个月加一美元。之后他还想出了许多孩子赚钱的办法，并把它集结成书，书名为《儿童挣钱的二百五十个主意》。为此，达瑞十二岁时就成了畅销书作家，十五岁有了自己的谈话节目，十七岁就拥有了几百万美元。

节选自[德]博多·舍费尔《达瑞的故事》，刘志明译

①时候 shí · hou
②电影 diànyǐng/diànyǐngr
③因为 yīn · wèi
④调制 tiáozhì
⑤汽水 qìshuǐ/qìshuǐr
⑥爸爸 bà · ba
⑦妈妈 mā · ma
⑧商人 shāngrén
⑨机会 jī · huì
⑩破产史 pòchǎnshǐ

⑪父亲 fù · qīn
⑫篱笆 lí · ba
⑬塞 sāi
⑭舒舒服服 shūshūfúfú/shū · shufūfū
⑮麻烦 má · fan
⑯主意 zhǔ · yi/zhú · yi
⑰当天 dàngtiān
⑱邻居 línjū
⑲早上 zǎo · shang
⑳底下 dǐ · xia
㉑觉得 jué · de

作品 5 号

这是入冬以来，胶东半岛上第一场①雪。

雪纷纷扬扬，下得很大。开始还伴着一阵儿②小雨，不久就只见大片大片的雪花③，从彤云密布④的天空中飘落下来⑤。地面上一会儿⑥就白了。冬天的山村，到了夜里就万籁俱寂⑦，只听得⑧雪花簌簌地⑨不断往下落，树木的枯枝被雪压断了，偶尔咯吱⑩一声响。

大雪整整下了一夜。今天早晨⑪，天放晴了，太阳⑫出来了⑬。推开门一看，嗬⑭！好大的雪啊⑮！山川、河流、树木、房屋，全都罩上了一层厚厚的雪，万里江山，变成了粉妆玉砌⑯的世界。落光了叶子的柳树上挂满了毛茸茸⑰亮晶晶的银条儿⑱；而那些冬夏常青的松树和柏树上，则挂满了蓬松松沉甸甸⑲的雪球儿⑳。一阵风吹来，树枝轻轻地摇晃，美丽的银条儿和雪球儿簌簌地落下来，玉屑㉑似的㉒雪末儿㉓随风飘扬，映着清晨的阳光，显出一道道五光十色的彩虹。

大街上的积雪足有一尺多深，人踩上去㉔，脚底下㉕发出咯吱咯吱㉖的响声。一群群孩子在雪地里堆雪人㉗，掷㉘雪球儿，那欢乐的叫喊声，把树枝上的雪都震落下来了。

俗话说，“瑞雪兆丰年”。这个话有充分的科学根据，并不是一句迷信的成语。寒冬大雪，可以冻死一部分越冬的害虫㉙；融化了的水渗进土层深处，又能供应㉚//庄稼㉛生长的需要。我相信这一场十分及时的大雪，一定会促进明年春季作物，尤其是小麦的丰收。有经验的老农把雪比做是“麦子的棉被”。冬天“棉被”盖得越厚，明春麦子就长得越好，所以又有这样一句谚语㉜：“冬天麦盖三层被，来年枕着馒头㉝睡。”

我想，这就是人们为什么把及时的大雪称为“瑞雪”的道理㉞吧。

节选自峻青《第一场雪》

①场 cháng
②一阵儿 yízhènr
③雪花 xuěhuā/xuěhuār
④彤云密布 tóngyún-mìbù
⑤落下来 luò · xià · lái
⑥一会儿 yíhuìr/yìhuǐr
⑦万籁俱寂 wànlài-jùjì
⑧听得 tīng · de
⑨簌簌地 sùsù · de
⑩咯吱 gēzhī
⑪早晨 zǎo · chen
⑫太阳 tài · yáng
⑬出来了 chū · lái · le
⑭嗬 hē
⑮啊 · ya
⑯粉妆玉砌 fěnzhuāng-yùqì
⑰毛茸茸 máoróngróng/máorōngrōng
⑱银条儿 yíntiáor
⑲沉甸甸 chéndiàndiàn/chéndiāndiān
⑳雪球儿 xuěqiúr
㉑玉屑 yùxiè
㉒似的 shì · de
㉓雪末儿 xuěmòr
㉔踩上去 cǎi · shàng · qù
㉕脚底下 jiǎodǐ · xia
㉖咯吱咯吱 gēzhī gēzhī
㉗雪人 xuěrén/xuěrénr
㉘掷 zhì
㉙害虫 hàichóng
㉚供应 gōngyìng
㉛庄稼 zhuāng · jia
㉜谚语 yànyǔ
㉝馒头 mán · tou
㉞道理 dào · lǐ

作品 6 号

我常想读书人是世间幸福人，因为[①]他除了拥有现实的世界之外，还拥有另一个更为浩瀚也更为丰富的世界。现实的世界是人人都有的，而后一个世界却为[②]读书人所独有。由此我想，那些失去或不能阅读的人是多么[③]的不幸，他们的丧失是不可补偿的。世间有诸多[④]的不平等，财富的不平等，权力的不平等，而阅读能力的拥有或丧失却体现为精神的不平等。

一个人的一生，只能经历自己拥有的那一份欣悦，那一份苦难，也许再加上他亲自闻知的那一些关于自身以外的经历和经验。然而，人们通过阅读，却能进入不同时空的诸多他人的世界。这样[⑤]，具有阅读能力的人，无形间获得了超越有限生命的无限可能性。阅读不仅使他多识了草木虫鱼之名，而且可以上溯[⑥]远古下及未来，饱览存在的与非存在的奇风异俗。

更为[⑦]重要的是，读书加惠于人们的不仅是知识的增广，而且还在于精神[⑧]的感化与陶冶。人们从读书学做人，从那些往哲先贤以及当代才俊的著述中学得他们的人格。人们从《论语[⑨]》中学得智慧的思考，从《史记》中学得严肃的历史精神，从《正气歌》中学得人格的刚烈，从马克思学得人世//的激情，从鲁迅学得批判精神，从托尔斯泰学得道德的执著。歌德的诗句刻写着睿智的人生，拜伦的诗句呼唤着奋斗的热情。一个读书人，一个有机会拥有超乎个人生命体验的幸运人。

节选自谢冕《读书人是幸福人》

①因为 yīn · wèi
②为 wéi
③多么 duō · me
④诸多 zhūduō
⑤这样 zhèyàng
⑥上溯 shàngsù
⑦更为 gèngwéi
⑧精神 jīngshén
⑨论语 lúnyǔ

作品7号

一天，爸爸[1]下班回到家已经很晚了，他很累也有点儿[2]烦，他发现五岁的儿子靠在门旁正等着他。

“爸，我可以问您一个问题吗？”

“什么[3]问题？”“爸，您一小时可以赚多少[4]钱？”“这与你无关，你为什么[5]问这个[6]问题？”父亲[7]生气地说。

“我只是想知道[8]，请告诉[9]我，您一小时赚多少钱？”小孩儿[10]哀求道。“假如你一定要知道的话，我一小时赚二十美金。”

“哦，”小孩儿低下了[11]头，接着又说，“爸，可以借我十美金吗？”父亲发怒了：“如果你只是要借钱去买毫无意义[12]的玩具的话，给我回到你的房间睡觉去。好好[13]想想为什么你会那么[14]自私。我每天辛苦工作，没时间和你玩儿[15]小孩子[16]的游戏。”

小孩儿默默地[17]回到自己的房间关上门[18]。

父亲坐下来[19]还在生气。后来，他平静下来了[20]。心想他可能对孩子太凶了——或许孩子真的很想买什么东西[21]，再说他平时很少要过钱。

父亲走进孩子的房间：“你睡了吗？”“爸，还没有，我还醒着。”孩子回答。

“我刚才可能对你太凶了，”父亲说。“我不应该发那么大的火儿[22]——这是你要的十美金。”“爸，谢谢您。”孩子高兴地从枕头[23]下拿出一些被弄皱的钞票，慢慢地[24]数着。

“为什么你已经有钱了还要？”父亲不解地问。

“因为[25]原来不够，但现在凑够了。”孩子回答：“爸我现在有//二十美金了，我可以向您买一个小时的时间吗？明天请早一点儿回家——我想和您一起吃晚餐。”

节选自唐继柳编译《二十美金的价值》

①爸爸 bà · ba
②有点儿 yǒudiǎnr
③什么 shén · me
④多少 duō · shao
⑤为什么 wèishén · me
⑥这个 zhè · ge/zhèi · ge
⑦父亲 fù · qīn
⑧知道 zhī · dào
⑨告诉 gào · su
⑩小孩儿 xiǎoháir
⑪低下了 dī · xià · le
⑫意义 yìyì
⑬好好 hǎohǎo/hǎohāor
⑭那么 nà · me
⑮玩儿 wánr
⑯小孩子 xiǎohái · zi
⑰默默地 mòmò · de
⑱关上门 guān · shàngmén
⑲坐下来 zuò · xià · lái
⑳下来了 · xià · lái · le
㉑东西 dōng · xi
㉒火儿 huǒr
㉓枕头 zhěn · tou
㉔慢慢地 mànmàn · de/mànmānr · de
㉕因为 yīn · wèi

作品 8 号

我爱月夜，但我也爱星天。从前在家乡七八月的夜晚在庭院里纳凉的时候[①]，我最爱看天上密密麻麻的繁星。望着星天，我就会忘记一切，仿佛[②]回到了母亲[③]的怀里似的[④]。

三年前在南京我住的地方[⑤]有一道后门，每晚我打开后门，便看见一个静寂的夜。下面[⑥]是一片菜园，上面[⑦]是星群密布的蓝天。星光在我们的肉眼里虽然微小，然而它使我们觉得[⑧]光明无处不在。那时候我正在读一些天文学的书，也认得[⑨]一些星星[⑩]，好像它们就是我的朋友[⑪]，它们常常在和我谈话一样。

如今在海上，每晚和繁星相对，我把它们认得很熟[⑫]了。我躺在舱面上，仰望天空。深蓝色的天空里悬着无数半明半昧的星。船在动，星也在动，它们是这样低，真是摇摇欲坠呢！渐渐地我的眼睛[⑬]模糊[⑭]了，我好像看见无数萤火虫在我的周围飞舞。海上的夜是柔和的，是静寂的，是梦幻的。我望着许多认识[⑮]的星，我仿佛看见它们在对我眨眼，我仿佛听见它们在小声说话。这时我忘记了一切。在星的怀抱中我微笑着，我沉睡着。我觉得自己是一个小孩子，现在睡在母亲的怀里了。

有一夜，那个在哥伦波上船的英国人指给我看天上的巨人⑯。他用手指着：//那四颗明亮的星是头，下面的几颗是身子，这几颗是手，那几颗是腿和脚，还有三颗算是腰带。经他这一番指点，我果然看清楚了那个天上的巨人。看，那个巨人还在跑呢！

节选自巴金《繁星》

①时候 shí · hou
②仿佛 fǎngfú
③母亲 mǔ · qīn
④似的 shì · de
⑤地方 dì · fang
⑥下面 xiàmiàn
⑦上面 shàngmiàn
⑧觉得 jué · de
⑨认得 rèn · de
⑩星星 xīng · xing
⑪朋友 péng · you
⑫熟 shú
⑬眼睛 yǎn · jing
⑭模糊 mó · hu
⑮认识 rèn · shi
⑯巨人 jùrén

作品 9 号

假日到河滩上转转①，看见许多孩子在放风筝②。一根根长长的引线，一头③系④在天上⑤，一头系在地上⑥，孩子同风筝都在天与地之间悠荡，连心也被悠荡得恍恍惚惚了，好像又回到了童年。

儿时放的风筝，大多是自己的长辈或家人编扎⑦的，几根削⑧得很薄⑨的篾⑩，用细纱线扎⑪成各种鸟兽的造型，糊上⑫雪白的纸片，再用彩笔勾勒⑬出面孔与翅膀的图案。通常扎得最多的是“老雕”“美人儿⑭”“花蝴蝶”等。

我们家前院就有位叔叔⑮，擅扎风筝，远近闻名。他扎的风筝不只体型好看，色彩艳丽，放飞得高远，还在风筝上绷一叶用蒲苇⑯削成的膜片⑰，经风一吹，发出“嗡嗡⑱”的声响，仿佛是风筝的歌唱，在蓝天下播扬⑲，给开阔的天地增添了无尽的韵味，给驰荡的童心带来几分疯狂。

我们那条胡同⑳的左邻右舍的孩子们放的风筝几乎㉑都是叔叔编扎的。他的风筝不卖钱，谁㉒上门去要，就给谁，他乐意自己贴钱买材料。

后来，这位叔叔去了海外，放风筝也渐与孩子们远离了。不过年年叔叔给家乡写信，总不忘提起儿时的放风筝。香港回归之后，他在家信中说到，他这只被故乡放飞到海外的风筝，尽管㉓飘荡游弋㉔，经沐风雨，可那线头儿㉕一直在故乡和//亲人手中牵着，如今飘得太累了，也该要回归到家乡和亲人身边来了。

是的。我想，不光是叔叔，我们每个人都是风筝，在妈妈㉖手中牵着，从小放到大，再从家乡放到祖国最需要的地方去啊㉗！

节选自李恒瑞《风筝畅想曲》

①转转 zhuàn · zhuan
②风筝 fēng · zheng
③一头 yìtóur
④系 jì
⑤天上 tiān · shàng
⑥地上 dì · shang
⑦编扎 biānzā
⑧削 xiāo
⑨薄 báo
⑩篾 miè
⑪扎 zā
⑫糊上 hú · shàng
⑬勾勒 gōulè
⑭美人儿 měirénr
⑮叔叔 shū · shu
⑯蒲苇 púwěi
⑰膜片 mópiàn
⑱嗡嗡 wēngwēng
⑲播扬 bōyáng
⑳胡同 hútòngr
㉑几乎 jīhū
㉒谁 shuí/shéi
㉓尽管 jǐnguǎn
㉔游弋 yóuyì
㉕线头儿 xiàntóur
㉖妈妈 mā · ma
㉗啊 · ya

作品 10 号

爸不懂得①怎样表达爱，使我们一家人融洽相处②的是我妈。他只是每天上班下班，而妈则把我们做过③的错事开列清单，然后由他来责骂我们。

有一次我偷了一块④糖果，他要我把它送回去⑤，告诉⑥卖糖的说是我偷来的⑦，说我愿意替他拆箱卸货作为赔偿⑧。但妈妈却明白⑨我只是个孩子。

我在运动场打秋千跌⑩断了腿，在前往医院途中一直抱着我的，是我妈。爸把汽车停在急诊室门口，他们叫他驶开，说那空位⑪是留给紧急车辆停放的。爸听了便叫嚷道："你以为这是什么车？旅游车？"

在我生日会上，爸总是显得有些不大相称⑫。他只是忙于吹气球，布置餐桌，做杂务。把插着蜡烛的蛋糕推过来让我吹的，是我妈。

我翻阅照相册时，人们总是问：“你爸爸是什么样子的？”天晓得[13]！他老是忙着替别人拍照。妈和我笑容可掬[14]地一起拍的照片[15]，多得不可胜数。

我记得妈有一次叫他教我骑自行车。我叫他别放手，但他却说是应该放手的时候[16]了。我摔倒之后，妈跑过来扶我，爸却挥手要她走开。我当时生气极了，决心要给他点儿[17]颜色看。于是我马上爬上自行车，而且自己骑给他看。他只是微笑。

我念大学时，所有的家信都是妈写的。他//除了寄支票外，还寄过一封短柬[18]给我，说因为[19]我不在草坪上踢足球了，所以他的草坪长得很美。

每次我打电话回家，他似乎[20]都想跟我说话，但结果[21]总是说：“我叫你妈来接。”

我结婚时，掉眼泪的是我妈。他只是大声擤[22]了一下鼻子，便走出房间。

我从小到大都听他说：“你到哪里去？什么时候回家？汽车有没有汽油？不，不准去。”爸完全不知道[23]怎样表达爱。除非……

会不会是他已经表达了，而我却未能察觉？

节选自[美]艾尔玛·邦贝克《父亲的爱》

①懂得 dǒng · de
②相处 xiāngchǔ
③做过 zuò · guo
④一块 yíkuài/yíkuàir
⑤送回去 sòng · huí · qù
⑥告诉 gào · su
⑦偷来的 tōu · lái · de
⑧赔偿 péicháng
⑨明白 míng · bai
⑩跌 diē
⑪空位 kòngwèi
⑫相称 xiāngchèn
⑬晓得 xiǎo · de
⑭笑容可掬 xiàoróng-kějū
⑮照片 zhàopiàn
⑯时候 shí · hou
⑰点儿 diǎnr
⑱短柬 duǎnjiǎn
⑲因为 yīn · wèi
⑳似乎 sìhū
㉑结果 jiéguǒ
㉒擤 xǐng
㉓知道 zhī · dào

作品 11 号

一个大问题一直盘踞[1]在我脑袋里[2]：

世界杯怎么会有如此巨大的吸引力？除去足球本身的魅力之外，还有什么[3]超乎其上而更伟大的东西[4]？

近来观看世界杯，忽然从中得到了答案：是由于一种无上崇高的精神[5]情感——国家荣誉感！

地球上的人都会有国家的概念，但未必时时都有国家的感情。往往人到异国，思念家乡，心怀故国，这国家概念就变得有血有肉[6]，爱国之情来得非常具体。而现代社会，科技昌达，信息快捷，事事上网，世界真是太小太小，国家的界限似乎[7]也不那么清晰了。再说足球正在快速世界化，平日里各国球员频繁转会[8]，往来随意，致使越来越多的国家联赛都具有国际的因素。球员们不论国籍，只效力于自己的俱乐部，他们比赛时的激情中完全没有爱国主义的因子[9]。

然而，到了世界杯大赛，天下大变。各国球员都回国效力，穿上与光荣的国旗同样色彩的服装。在每一场比赛前，还高唱国歌以宣誓对自己祖国的挚爱[10]与忠诚。一种血缘[11]情感开始在全身的血管[12]里燃烧起来，而且立刻热血[13]沸腾。

在历史时代，国家间经常发生对抗，好男儿[14]戎装[15]卫国。国家的荣誉往往需要以自己的生命去换//取。但在和平时代，唯有这种国家之间大规模对抗性的大赛，才可以唤起那种遥远而神圣的情感，那就是：为祖国而战！

节选自冯骥才《国家荣誉感》

①盘踞 pánjù
②脑袋里 nǎo · dai · li
③什么 shén · me
④东西 dōng · xi
⑤精神 jīngshén
⑥有血有肉 yǒuxuè-yǒuròu
⑦似乎 sìhū
⑧转会 zhuǎnhuì
⑨因子 yīnzǐ
⑩挚爱 zhìài
⑪血缘 xuèyuán
⑫血管 xuèguǎn
⑬热血 rèxuè
⑭男儿 nán'ér
⑮戎装 róngzhuāng

作品 12 号

夕阳落山不久，西方的天空，还燃烧着一片橘红色的晚霞。大海，也被这霞光染成了红色，而且比天空的景色更要壮观。因为[1]它是活动的，每当一排排波浪[2]涌起的时候[3]，那映照在浪峰上的霞光，又红又亮，简直就像一片片霍霍[4]燃烧着的火焰，闪烁着，消失了。而后面的一排，又闪烁着，滚动着，涌了过来[5]。

天空的霞光渐渐地淡下去了[6]，深红的颜色变成了绯红[7]，绯红又变为浅红。最后，当这一切红光都消失了的时候，那突然显得高而远了的天空，则呈现出一片肃穆的神色。最早出现的启明星，在这蓝色的天幕上闪烁起来了。它是那么[8]大，那么亮，整个广漠[9]的天幕上只有它在那里放射着令人注目的光辉，活像一盏悬挂在高空的明灯。

夜色加浓，苍空中的“明灯”越来越多了。而城市各处的真的灯火也次第亮了起来，尤其是围绕[10]在海港周围山坡上的那一片灯光，从半空倒映在乌蓝的海面上，随着波浪，晃动[11]着，闪烁着，像一串流动着的珍珠，和那一片片密布在苍穹[12]里的星斗[13]互相辉映，煞[14]是好看。

在这幽美的夜色中，我踏着[15]软绵绵的沙滩，沿着海边，慢慢地[16]向前走去。海水，轻轻地抚摸[17]着细软的沙滩，发出温柔的//刷刷声。晚来的海风，清新而又凉爽。我的心里，有着说不出的兴奋[18]和愉快。

夜风轻飘飘地吹拂[19]着，空气中飘荡着一种大海和田禾相混合[20]的香味儿[21]，柔软的沙滩上还残留着白天太阳炙晒[22]的余温。那些在各个工作岗位上劳动了一天的人们，三三两两地来到这软绵绵的沙滩上，他们浴着凉爽的海风，望着那缀满了星星的夜空，尽情地说笑，尽情地休憩[23]。

节选自峻青《海滨仲夏夜》

①因为 yīn · wèi
②波浪 bōlàng
③时候 shí · hou
④霍霍 huòhuò
⑤涌了过来 yǒng · le · guò · lái
⑥淡下去了 dàn · xià · qù · le
⑦绯红 fēihóng
⑧那么 nà · me
⑨广漠 guǎngmò
⑩围绕 wéirào
⑪晃动 huàngdòng
⑫苍穹 cāngqióng
⑬星斗 xīngdǒu
⑭煞 shà
⑮踏着 tà · zhe
⑯慢慢地 mànmàn · de/mànmānr · de
⑰抚摸 fǔmō
⑱兴奋 xīngfèn
⑲吹拂 chuīfú
⑳混合 hùnhé
㉑香味儿 xiāngwèir
㉒炙晒 zhìshài
㉓休憩 xiūqì

作品 13 号

生命在海洋里诞生绝不是偶然的，海洋的物理和化学性质[1]，使它成为孕育原始生命的摇篮。

我们知道[2]，水是生物的重要组成部分[3]，许多动物组织的含水量在百分之八十以上，而一些海洋生物的含水量高达百分之九十五。水是新陈代谢的重要媒介，没有它，体内的一系列生理和生物化学反应就无法进行，生命也就停止。因此，在短时期内动物缺水要比缺少食物更加危险。水对今天的生命是如此重要，它对脆弱的原始生命，更是举足轻重了。生命在海洋里诞生，就不会有缺水之忧。

水是一种良好的溶剂。海洋中含有许多生命所必需的无机盐，如氯化钠[4]、氯化钾、碳酸盐、磷酸盐，还有溶解氧，原始生命可以毫不费力地从中吸取它所需要的元素。

水具有很高的热容量，加之海洋浩大，任凭[5]夏季烈日曝晒[6]，冬季寒风扫荡，它的温度变化却比较[7]小。因此，巨大的海洋就像是天然的"温箱"，是孕育原始生命的温床。

阳光虽然为[8]生命所必需，但是阳光中的紫外线却有扼杀[9]原始生命的危险。水能有效地吸收紫外线，因而又为原始生命提供[10]了天然的"屏障"[11]。

这一切都是原始生命得以产生和发展的必要条件。//

节选自童裳亮《海洋与生命》

①性质 xìngzhì
②知道 zhī · dào
③部分 bù · fen
④氯化钠 lǜhuà'nà
⑤任凭 rènpíng
⑥曝晒 pùshài
⑦比较 bǐjiào
⑧为 wéi
⑨扼杀 èshā
⑩提供 tígōng
⑪屏障 píngzhàng

作品 14 号

读小学的时候[1]，我的外祖母去世了。外祖母生前最疼爱我，我无法排除自己的忧伤，每天在学校的操场上一圈儿[2]又一圈儿地跑着，跑得累倒在地上，扑在草坪上痛哭。

那哀痛的日子，断断续续地持续了很久，爸爸[3]妈妈[4]也不知道[5]如何安慰我。他们知道与其骗我说外祖母睡着[6]了，还不如对我说实话：外祖母永远不会回来了[7]。

“什么[8]是永远不会回来呢?”我问着。

“所有时间里的事物[9]，都永远不会回来。你的昨天过去[10]，它就永远变成昨天，你不能再回到昨天。爸爸以前也和你一样小，现在也不能回到你这么小的童年了；有一天你会长大，你会像外祖母一样老；有一天你度过了你的时间，就永远不会回来了。”爸爸说。

爸爸等于给我一个谜语，这谜语比课本上的“日历挂在墙壁，一天撕去一页，使我心里着急[11]”和“一寸光阴一寸金，寸金难买寸光阴”还让我感到可怕；也比作文本上的“光阴似[12]箭，日月如梭[13]”更让我觉得有一种说不出的滋味。

时间过得那么飞快，使我的小心眼儿[14]里不只是着急，还有悲伤。有一天我放学回家，看到太阳[15]快落山了，就下决心说：“我要比太阳更快地回家。”我狂奔回去[16]，站在庭院前喘气的时候，看到太阳//还露着[17]半边脸，我高兴地跳跃起来[18]，那一天我跑赢了太阳。以后我就时常做那样的游戏，有时和太阳赛跑，有时和西北风比快，有时一个暑假才能做完的作业，我十天就做完了；那时我三年级，常常把哥哥五年级的作业拿来[19]做。每一次比赛胜过时间，我就快乐得不知道怎么形容。

如果将来我有什么要教给我的孩子，我会告诉[20]他：假若你一直和时间比赛，你就可以成功！

节选自林清玄《和时间赛跑》

①时候 shí · hou
②一圈儿 yìquānr
③爸爸 bà · ba
④妈妈 mā · ma
⑤知道 zhī · dào
⑥睡着 shuìzháo
⑦回来了 huí · lái · le
⑧什么 shén · me
⑨事物 shìwù
⑩过去 guò · qù
⑪着急 zháojí
⑫似 sì
⑬梭 suō
⑭心眼儿 xīnyǎnr
⑮太阳 tài · yáng
⑯狂奔回去 kuángbēn · huí · qù

⑰露着 lòu · zhe
⑱跳跃起来 tiàoyuè · qǐ · lái
⑲拿来 ná · lái
⑳告诉 gào · su

作品 15 号

三十年代初，胡适在北京大学任教授。讲课时他常常对白话文大加称赞[①]，引起一些只喜欢文言文而不喜欢白话文的学生[②]的不满。

一次，胡适正讲得得意的时候，一位姓魏的学生突然站了起来，生气地问："胡先生[③]，难道说白话文就毫无缺点吗？"胡适微笑着回答说："没有。"那位学生更加激动了："肯定有！白话文废话太多，打电报用字多，花钱多。"胡适的目光顿时变亮了，轻声地解释说："不一定吧！前几天有位朋友[④]给我打来电报，请我去政府部门工作，我决定不去，就回电拒绝了。复电是用白话写的，看来也很省字。请同学们根据我这个[⑤]意思[⑥]，用文言文写一个回电，看看究竟是白话文省字，还是文言文省字？"胡教授刚说完，同学们立刻认真地写了起来。

十五分钟过去[⑦]，胡适让同学举手，报告用字的数目，然后挑了一份用字最少的文言电报稿，电文是这样写的：

"才疏学浅，恐难胜任，不堪从命。"白话文的意思是：学问不深，恐怕很难担任这个工作，不能服从安排。

胡适说，这份写得确实不错，仅用了十二个字。但我的白话电报却只用了五个字：

"干不了[⑧]，谢谢[⑨]！"

胡适又解释说："'干不了'就有才疏学浅、恐难胜任的意思；'谢谢'既//对朋友的介绍表示感谢，又有拒绝的意思。所以，废话多不多，并不看它是文言文还是白话文，只要注意选用字词，白话文是可以比文言文更省字的。"

节选自陈灼主编《实用汉语中级教程》(上)中《胡适的白话电报》

①称赞 chēngzàn
②学生 xué · shēng
③先生 xiān · sheng
④朋友 péng · you
⑤这个 zhè · ge/zhèi · ge
⑥意思 yì · si
⑦过去 guò · qù
⑧干不了 gàn · bùliǎo
⑨谢谢 xiè · xie

作品 16 号

很久以前，在一个漆黑[1]的秋天的夜晚，我泛舟[2]在西伯利亚[3]一条阴森森的河上。船到一个转弯处，只见前面黑黢黢[4]的山峰下面[5]一星火光蓦地[6]一闪。

火光又明又亮，好像就在眼前……

“好啦，谢天谢地！”我高兴地说，“马上就到过夜的地方[7]啦！”

船夫扭头朝身后的火光望了一眼，又不以为然地划起桨[8]来。

“远着呢！”

我不相信他的话，因为[9]火光冲破朦胧的夜色，明明在那儿[10]闪烁。不过船夫是对的，事实上，火光的确还远着呢。

这些[11]黑夜的火光的特点是：驱散黑暗，闪闪发亮，近在眼前，令人神往。乍[12]一看，再划几下就到了……其实却还远着呢！……

我们在漆黑如墨[13]的河上又划了很久。一个个峡谷和悬崖[14]，迎面驶来，又向后移去，仿佛消失在茫茫的远方，而火光却依然停在前头[15]，闪闪发亮，令人神往——依然是这么近，又依然是那么远……

现在，无论是这条[16]被悬崖峭壁的阴影笼罩的漆黑的河流，还是那一星明亮的火光，都经常浮现在我的脑际，在这以前和在这以后，曾有许多火光，似乎近在咫尺[17]，不止使我一人心驰神往。可是生活之河却仍然[18]在那阴森森的两岸之间流着，而火光也依旧非常遥远。因此，必须加劲[19]划桨……

然而，火光啊[20]……毕竟……毕竟就//在前头！……

节选自［俄］柯罗连科《火光》，张铁夫译

①漆黑 qīhēi
②泛舟 fànzhōu
③西伯利亚 Xībólìyà
④黑黢黢 hēiqūqū
⑤下面 xiàmiàn
⑥蓦地 mòdì
⑦地方 dì · fang
⑧桨 jiǎng
⑨因为 yīn · wèi
⑩那儿 nàr
⑪这些 zhèxiē/zhèixiē
⑫乍 zhà
⑬墨 mò
⑭悬崖 xuányá
⑮前头 qián · tou
⑯这条 zhètiáo/zhèitiáo
⑰咫尺 zhǐchǐ
⑱仍然 réngrán
⑲加劲 jiājìn/jiājìnr
⑳啊 · nga

作品 17 号

对于一个在北平住惯的人，像我，冬天要是不刮风，便觉得[①]是奇迹；济南[②]的冬天是没有风声的。对于一个刚由伦敦回来的人，像我，冬天要能看得见日光，便觉得是怪事；济南的冬天是响晴的。自然，在热带的地方[③]，日光永远是那么毒，响亮的天气，反有点儿[④]叫人害怕。可是，在北方的冬天，而能有温晴的天气[⑤]，济南真得[⑥]算个宝地。

设若单单是有阳光，那也算不了出奇。请闭上眼睛[⑦]想：一个老城，有山有水，全在天底下晒着阳光，暖和[⑧]安适地睡着[⑨]，只等春风来把它们唤醒，这是不是理想的境界？小山整把济南围了个圈儿[⑩]，只有北边[⑪]缺着点[⑫]口儿[⑬]。这一圈小山在冬天特别可爱，好像是把济南放在一个小摇篮里，它们安静不动地低声地说："你们放心吧，这儿[⑭]准保暖和。"真的，济南的人们在冬天是面上含笑的。他们一看那些小山，心中便觉得有了着落[⑮]，有了依靠。他们由天上看到山上，便不知不觉地想起：明天也许就是春天了吧？这样的温暖，今天夜里山草也许就绿起来了吧？就是这点儿[⑯]幻想不能一时实现，他们也并不着急[⑰]，因为这样[⑱]慈善的冬天，干什么[⑲]还希望别的呢！

最妙的是下点儿小雪呀。看吧，山上的矮松越发的青黑，树尖儿上[⑳]//顶着一髻儿[㉑]白花，好像日本看护[㉒]妇。山尖儿全白了，给蓝天镶上一道银边[㉓]。山坡[㉔]上，有的地方雪厚点儿，有的地方草色还露着[㉕]；这样，一道儿[㉖]白，一道儿暗黄，给山们穿上一件带水纹儿[㉗]的花衣；看着看着，这件花衣好像被风儿[㉘]吹动，叫你希望看见一点儿更美的山的肌肤。等到快日落的时候[㉙]，微黄的阳光斜射在山腰上，那点儿薄雪[㉚]好像忽然害羞，微微露出[㉛]点儿粉色。就是下小雪吧，济南是受不住大雪的，那些小山太秀气[㉜]。

节选自老舍《济南的冬天》

①觉得 jué · de
②济南 Jǐ'nán
③地方 dì · fang
④有点儿 yǒudiǎnr
⑤天气 tiānqì
⑥得 děi
⑦眼睛 yǎn · jing
⑧暖和 nuǎn · huo
⑨睡着 shuì · zhe
⑩圈儿 quānr
⑪北边 běi · bian/běi · bianr
⑫缺着点 quē · zhediǎnr
⑬口儿 kǒur
⑭这儿 zhèr/zhèir

⑮着落 zhuóluò
⑯点儿 diǎnr
⑰着急 zháojí
⑱这样 zhèyàng
⑲什么 shén · me
⑳尖儿上 jiānr · shang
㉑一髻儿 yíjìr
㉒看护 kānhù
㉓银边 yínbiānr
㉔山坡 shānpō
㉕露着 lòu · zhe
㉖一道儿 yídàor
㉗水纹儿 shuǐwénr
㉘风儿 fēng'ér
㉙时候 shí · hou
㉚薄雪 báoxuě
㉛露出 lòuchū
㉜秀气 xiù · qi

作品 18 号

纯朴的家乡村边有一条河，曲曲弯弯[①]，河中架一弯石桥，弓样的小桥横跨两岸。

每天，不管是鸡鸣晓月，日丽中天，还是月华泻地，小桥都印下串串足迹，洒落串串汗珠。那是乡亲[②]为了追求多棱的希望，兑现美好的遐想。弯弯小桥，不时荡过轻吟[③]低唱，不时露出[④]舒心的笑容。

因而，我稚小的心灵，曾将心声献给小桥：你是一弯银色的新月，给人间普照光辉；你是一把闪亮的镰刀，割刈[⑤]着欢笑的花果；你是一根晃悠悠[⑥]的扁担[⑦]，挑起[⑧]了彩色的明天！哦，小桥走进我的梦中。

我在飘泊[⑨]他乡的岁月，心中总涌动着故乡的河水，梦中总看到弓样的小桥。当我访南疆探北国，眼帘闯进座座雄伟的长桥时，我的梦变得丰满了，增添了赤橙黄绿青蓝紫。

三十多年过去，我带着满头霜花回到故乡，第一紧要的便是去看望小桥。

啊！小桥呢？它躲起来[⑩]了？河中一道长虹，浴着朝霞[⑪]熠熠[⑫]闪光。哦，雄浑的大桥敞开胸怀，汽车的呼啸、摩托的笛音、自行车的叮铃，合奏着进行交响乐；南来的钢筋[⑬]、花布，北往的柑橙、家禽，绘出交流欢悦图……

啊！蜕变[⑭]的桥，传递了家乡进步的消息[⑮]，透露[⑯]了家乡富裕的声音。时代的春风，美好的追求，我蓦地[⑰]记起儿时唱//给小桥的歌，哦，明艳艳的太阳[⑱]照耀了，芳香甜蜜的花果捧来了，五彩斑斓的岁月拉开了！

我心中涌动的河水，激荡起甜美的浪花。我仰望一碧蓝天，心底轻声呼喊：家乡的桥啊[⑲]，我梦中的桥！

节选自郑莹《家乡的桥》

①曲曲弯弯 qūqū-wānwān
②乡亲 xiāngqīn
③轻吟 qīngyín
④露出 lùchū
⑤割刈 gēyì
⑥晃悠悠 huàngyōuyōu
⑦扁担 biǎn · dan
⑧挑起 tiāoqǐ
⑨飘泊 piāobó
⑩躲起来 duǒ · qǐ · lái
⑪朝霞 zhāoxiá
⑫熠熠 yìyì
⑬钢筋 gāngjīn
⑭蜕变 tuìbiàn
⑮消息 xiāo · xi
⑯透露 tòulù
⑰蓦地 mòdì
⑱太阳 tài · yáng
⑲啊 · wa

作品 19 号

三百多年前，建筑①设计师②莱伊恩受命设计了英国温泽市政府大厅。他运用工程力学的知识③，依据自己多年的实践，巧妙地设计了只用一根柱子支撑的大厅天花板。一年以后，市政府权威人士进行工程验收时，却说只用一根柱子支撑天花板太危险，要求莱伊恩再多加几根柱子。

莱伊恩自信只要一根坚固的柱子足以保证大厅安全，他的“固执④”惹恼了市政官员，险些被送上法庭。他非常苦恼，坚持自己原先的主张吧，市政官员肯定会另找人修改设计；不坚持吧，又有悖⑤自己为人的准则。矛盾了很长一段时间，莱伊恩终于想出了一条妙计，他在大厅里增加了四根柱子，不过这些柱子并未与天花板接触，只不过是装装⑥样子。

三百多年过去了，这个秘密⑦始终没有被人发现。直到前两年，市政府准备修缮⑧大厅的天花板，才发现莱伊恩当年的“弄虚作假”。消息⑨传出后，世界各国的建筑专家和游客云集，当地政府对此也不加掩饰，在新世纪到来之际，特意将大厅作为一个旅游景点对外开放，旨在引导人们崇尚和相信科学。

作为一名建筑师，莱伊恩并不是最出色的。但作为一个人，他无疑非常伟大，这种//伟大表现在他始终恪守⑩着自己的原则，给高贵的心灵一个美丽的住所，哪怕是遭遇到最大的阻力，也要想办法抵达胜利。

节选自游宇明《坚守你的高贵》

①建筑 jiànzhù
②设计师 shèjìshī
③知识 zhī · shi
④固执 gù · zhi
⑤悖 bèi
⑥装装 zhuāng · zhuang
⑦秘密 mìmì
⑧修缮 xiūshàn
⑨消息 xiāo · xi
⑩恪守 kèshǒu

作品 20 号

自从传言有人在萨文河畔散步时无意发现了金子后，这里便常有来自四面八方的淘金者。他们都想成为富翁，于是寻遍了整个河床，还在河床上挖出很多大坑，希望借助它们找到更多的金子。的确①，有一些人找到了，但另外一些人因为②一无所得而只好扫兴归去。

也有不甘心落空③的，便驻扎④在这里，继续寻找。彼得·弗雷特就是其中一员。他在河床附近买了一块⑤没人要的土地，一个人默默地⑥工作。他为了找金子，已把所有的钱都押在这块土地上。他埋头苦干了几个月，直到土地全变成了坑坑洼洼⑦，他失望了——他翻遍了整块⑧土地，但连一丁点儿⑨金子都没看见。

六个月后，他连买面包的钱都没有了。于是他准备离开这儿⑩到别处去谋生。

就在他即将⑪离去的前一个晚上，天下起了倾盆⑫大雨，并且一下就是三天三夜。雨终于停了，彼得走出小木屋，发现眼前的土地看上去好像和以前不一样：坑坑洼洼已被大水冲刷平整，松软的土地上长出一层绿茸茸⑬的小草。

“这里没找到金子，”彼得忽有所悟地说，“但这土地很肥沃，我可以用来种花，并且拿到镇上去卖给那些富人⑭，他们一定会买些花装扮他们华丽的客厅。//如果真是这样⑮的话，那么⑯我一定会赚许多钱，有朝一日我也会成为富人……”

于是他留了下来。彼得花了不少精力培育花苗，不久田地里长满了美丽娇艳的各色鲜花。

五年以后，彼得终于实现了他的梦想——成了一个富翁。“我是惟一的一个找到真金的人！”他时常不无骄傲地告诉别人，“别人在这儿找不到金子后便远远地离开，而我的‘金子’是在这块土地里，只有诚实的人用勤劳才能采集到。”

节选自陶猛译《金子》

①的确 díquè
②因为 yīn · wèi
③落空 luòkōng
④驻扎 zhùzhā
⑤一块 yíkuài/yíkuàir
⑥默默地 mòmò · de
⑦坑坑洼洼 kēng · keng-wāwā
⑧整块 zhěngkuài/zhěngkuàir
⑨点儿 diǎnr
⑩这儿 zhèr/zhèir
⑪即将 jíjiāng
⑫倾盆 qīngpén
⑬绿茸茸 lùróngróng/lùrōngrōng
⑭富人 fùrén
⑮这样 zhèyàng
⑯那么 nà · me

作品 21 号

我在加拿大学习期间遇到过①两次募捐，那情景至今使我难以忘怀。

一天，我在渥太华的街上被两个男孩子拦住去路。他们十来岁，穿得整整齐齐，每人头上戴着个做工精巧、色彩鲜艳的纸帽，上面写着“为帮助患小儿麻痹②的伙伴募捐”。其中的一个，不由分说就坐在小凳上给我擦起皮鞋来，另一个则彬彬有礼地发问：“小姐，您是哪国人？喜欢③渥太华吗？”“小姐，在你们国家有没有小孩儿④患小儿麻痹？谁⑤给他们医疗费？”一连串的问题，使我这个有生以来头一次在众目睽睽之下让别人擦鞋的异乡人，从近乎狼狈的窘态中解脱出来⑥。我们像朋友⑦一样聊起天儿⑧来……

几个月之后，也是在街上。一些十字路口处或车站坐着几位老人。他们满头银发，身穿各种老式军装，上面布满了大大小小形形色色的徽章、奖章，每人手捧一大束⑨鲜花，有水仙、石竹、玫瑰⑩及叫不出名字的，一色雪白。匆匆过往的行人纷纷止步，把钱投进这些老人身旁的白色木箱内，然后向他们微微鞠躬，从他们手中接过⑪一朵花。我看了一会儿⑫，有人投一两元，有人投几百元，还有人掏出支票填好后投进木箱。那些老军人毫不注意人们捐多少⑬钱，一直不//停地向人们低声道谢。同行的朋友告诉我，这是为纪念二次大战中参战的勇士，募捐救济残废军人和烈士遗孀，每年一次；认捐的人可谓踊跃，而且秩序⑭井然，气氛⑮庄严。有些地方，人们还耐心地排着队。我想，这是因为他们都知道：正是这些老人们的流血牺牲换来了包括他们信仰自由在内的许许多多。

我两次把那微不足道的一点儿⑯钱捧给他们，只想对他们说声“谢谢”。

节选自青白《捐诚》

①遇到过 yùdào · guo
②麻痹 mábì
③喜欢 xǐ · huan
④小孩儿 xiǎoháir
⑤谁 shéi/shuí
⑥出来 · chū · lái
⑦朋友 péng · you
⑧天儿 tiānr
⑨束 shù
⑩玫瑰 méi · gui
⑪接过 jiē · guò
⑫一会儿 yíhuìr/yìhuǐr
⑬多少 duō · shǎo
⑭秩序 zhìxù
⑮气氛 qì · fēn
⑯一点儿 yìdiǎnr

作品 22 号

没有一片绿叶，没有一缕炊烟①，没有一粒泥土，没有一丝花香，只有水的世界，云的海洋。

一阵台风袭过，一只孤单的小鸟无家可归，落到被卷到洋里的木板上，乘②流而下，姗姗而来，近了，近了！……

忽然，小鸟张开翅膀，在人们头顶盘旋了几圈儿③，“噗啦④”一声落到了船上。许是累了？还是发现了“新大陆”？水手撵⑤它，它不走，抓它，它乖乖地落在掌心。可爱的小鸟和善良的水手结成了朋友⑥。

瞧，它多美丽，娇巧的小嘴，啄理⑦着绿色的羽毛，鸭子样的扁脚，呈现出春草的鹅黄。水手们把它带到舱里，给它“搭铺⑧”，让它在船上安家落户，每天，把分到的一塑料⑨筒淡水匀⑩给它喝，把从祖国带来的鲜美的鱼肉分给它吃，天长日久，小鸟和水手的感情日趋笃厚⑪。清晨，当第一束阳光射进舷窗⑫时，它便敞开美丽的歌喉，唱啊唱，嘤嘤⑬有韵，宛如春水淙淙⑭。人类给它以生命，它毫不悭吝⑮地把自己的艺术青春奉献给了哺育⑯它的人。可能都是这样？艺术家们的青春只会献给尊敬他们的人。

小鸟给远航生活蒙上了一层浪漫色调。返航时，人们爱不释手，恋恋不舍地想把它带到异乡。可小鸟憔悴了，给水，不喝！喂肉，不吃！油亮的羽毛失去了光泽。是啊，我//们有自己的祖国，小鸟也有它的归宿，人和动物都是一样啊，哪儿⑰也不如故乡好！

慈爱的水手们决定放开它，让它回到大海的摇篮去，回到蓝色的故乡去。离别前，这个大自然的朋友与水手们留影纪念。它站在许多人的头上，肩上，掌上，胳膊⑱上，与喂养过它的人们，一起融进那蓝色的画面……

节选自王文杰《可爱的小鸟》

①炊烟 chuīyān
②乘 chéng
③几圈儿 jǐquānr
④噗啦 pūlā
⑤撵 niǎn
⑥朋友 péng · you
⑦啄理 zhuólǐ
⑧搭铺 dāpù
⑨塑料 sùliào
⑩匀 yún
⑪笃厚 dǔhòu
⑫舷窗 xiánchuāng
⑬嘤嘤 yīngyīng
⑭淙淙 cóngcóng
⑮悭吝 qiānlìn
⑯哺育 bǔyù
⑰哪儿 nǎr
⑱胳膊 gē · bo

作品 23 号

纽约的冬天常有大风雪，扑面的雪花不但令人难以睁开眼睛①，甚至②呼吸都会吸入冰冷③的雪花。有时前一天晚上④还是一片晴朗，第二天拉开窗帘，却已经积雪盈尺，连门都推不开了。

遇到⑤这样⑥的情况，公司、商店常会停止上班，学校也通过广播⑦，宣布停课。但令人不解的是，惟有公立小学，仍然⑧开放。只见黄色的校车，艰难地在路边接孩子，老师则一大早就口中喷着热气，铲去车子前后的积雪，小心翼翼地开车去学校。

据统计，十年来纽约的公立小学只因为⑨超级暴风雪停过⑩七次课。这是多么令人惊讶的事。犯得着⑪在大人都无须上班的时候⑫让孩子去学校吗？小学的老师也太倒霉⑬了吧？

于是，每逢大雪而小学不停课时，都有家长打电话去骂。妙的是，每个打电话的人，反应⑭全一样——先是怒气冲冲地责问，然后满口道歉，最后笑容满面地挂上电话。原因是，学校告诉家长：

在纽约有许多百万富翁，但也有不少贫困的家庭。后者白天开不起⑮暖气，供不起⑯午餐，孩子的营养全靠学校里免费的中饭，甚至可以多拿些回家当⑰晚餐。学校停课一天，穷孩子就受一天冻，挨⑱一天饿，所以老师们宁愿⑲自己苦一点儿⑳，也不能停//课。

或许有家长会说：何不让富裕的孩子在家里，让贫穷的孩子去学校享受暖气和营养午餐呢？

学校的答复是：我们不愿让那些穷苦的孩子感到他们是在接受救济，因为施舍的最高原则是保持受施者的尊严。

节选自刘墉《课不能停》

①眼睛 yǎn · jing
②甚至 shènzhì
③冰冷 bīnglěng
④晚上 wǎn · shang
⑤遇到 yùdào
⑥这样 zhèyàng
⑦广播 guǎngbō
⑧仍然 réngrán
⑨因为 yīn · wèi
⑩停过 tíng · guo
⑪犯得着 fàn · dezháo
⑫时候 shí · hou
⑬倒霉 dǎoméi
⑭反应 fǎnyìng
⑮开不起 kāi · bùqǐ
⑯供不起 gōng · bùqǐ
⑰当 dàng
⑱挨 ái
⑲宁愿 nìngyuàn
⑳一点儿 yìdiǎnr

作品 24 号

十年，在历史上不过是一瞬间。只要稍加注意，人们就会发现：在这一瞬间里，各种事物都悄悄经历了自己的千变万化。

这次重新访日，我处处感到亲切和熟悉[①]，也在许多方面发觉了日本的变化。就拿奈良[②]的一个角落来说吧，我重游了为[③]之感受很深的唐招提寺，在寺内各处匆匆走了一遍，庭院依旧，但意想不到还看到了一些新的东西[④]。其中之一，就是近几年从中国移植来的“友谊[⑤]之莲”。

在存放鉴真遗像的那个院子里，几株中国莲昂然挺立，翠绿的宽大荷叶正迎风而舞，显得十分愉快。开花的季节已过，荷花朵朵已变为莲蓬[⑥]累累[⑦]。莲子的颜色正在由青转紫，看来已经成熟了。

我禁不住[⑧]想：“因”已转化为“果”。

中国的莲花开在日本，日本的樱花开在中国，这不是偶然。我希望这样一种盛况延续不衰。可能有人不欣赏花，但决不会有人欣赏落在自己面前的炮弹。

在这些日子里，我看到了不少多年不见的老朋友[⑨]，又结识了一些新朋友。大家喜欢涉及的话题之一，就是古长安和古奈良。那还用得着[⑩]问吗，朋友们缅怀过去，正是瞩望[⑪]未来。瞩目于未来的人们必将获得未来。

我不例外，也希望一个美好的未来。

为//了中日人民之间的友谊，我将不浪费今后生命的每一瞬间。

节选自严文井《莲花和樱花》

①熟悉 shú · xi
②奈良 nàiliáng
③为 wèi
④东西 dōng · xi
⑤友谊 yǒuyì
⑥莲蓬 lián · peng
⑦累累 léiléi
⑧禁不住 jīn · buzhù
⑨朋友 péng · you
⑩用得着 yòng · dezháo
⑪瞩望 zhǔwàng

作品 25 号

梅雨潭闪闪的绿色招引着我们，我们开始追捉[1]她那离合的神光了。揪[2]着草，攀着乱石，小心探身下去[3]，又鞠躬过了一个石穹门，便到了汪汪一碧的潭边了。

瀑布在襟袖[4]之间，但是我的心中已没有瀑布了。我的心随潭水的绿而摇荡。那醉人的绿呀！仿佛[5]一张极大极大的荷叶铺着，满是奇异的绿呀。我想张开两臂抱住[6]她，但这是怎样一个妄想啊[7]。

站在水边，望到那面[8]，居然觉着有些远呢！这平铺着、厚积着的绿，着实[9]可爱。她松松地皱缬[10]着，像少妇拖着的裙幅；她滑滑的明亮着，像涂了“明油”一般，有鸡蛋清那样[11]软，那样嫩；她又不杂些尘滓[12]，宛然一块温润的碧玉，只清清的一色——但你却看不透她！

我曾见过北京什刹海[13]拂地[14]的绿杨，脱不了鹅黄的底子，似乎[15]太淡了。我又曾见过杭州虎跑寺[16]近旁高峻而深密的“绿壁”，丛叠着无穷的碧草与绿叶的，那又似乎太浓了。其余呢，西湖的波太明了，秦淮河的也太暗了。可爱的，我将什么来比拟你呢？我怎么比拟得出呢？大约潭是很深的，故能蕴蓄着这样奇异的绿；仿佛蔚蓝的天融了一块在里面似的[17]，这才这般的鲜润啊[18]。

那醉人的绿呀！我若能裁你以为带，我将赠给那轻盈的//舞女，她必能临风飘举了。我若能挹你以为眼，我将赠给那善歌的盲妹，她必明眸善睐了。我舍不得你，我怎舍得你呢？我用手拍着你，抚摩着你，如同一个十二三岁的小姑娘。我又掬你入口，便是吻着她了。我送你一个名字，我从此叫你“女儿绿”，好吗？

第二次到仙岩的时候，我不禁惊诧于梅雨潭的绿了。

节选自朱自清《绿》

①追捉 zhuīzhuō
②揪 jiū
③下去 xià · qù
④襟袖 jīnxiù
⑤仿佛 fǎngfú
⑥抱住 bàozhù
⑦啊 · nga
⑧那面 nàmiàn
⑨着实 zhuóshí
⑩皱缬 zhòuxié
⑪那样 nàyàng
⑫尘滓 chénzǐ
⑬什刹海 Shíchàhǎi
⑭拂地 fúdì
⑮似乎 sìhū
⑯虎跑寺 Hǔpáosì
⑰似的 shì · de
⑱啊 · na

作品 26 号

我们家的后园有半亩空地[1]，母亲[2]说："让它荒着怪可惜的，你们那么[3]爱吃花生，就开辟[4]出来[5]种花生吧。"我们姐弟几个都很高兴，买种[6]，翻地，播种[7]，浇水，没过几个月，居然收获了。

母亲说："今晚我们过一个收获节，请你们父亲[8]也来尝尝[9]我们的新花生，好不好[10]?"我们都说好。母亲把花生做成了好几样食品，还吩咐就在后园的茅亭里过这个节。

晚上[11]天色不太好，可是父亲也来了，实在很难得。

父亲说："你们爱吃花生吗?"

我们争着答应[12]："爱!"

"谁[13]能把花生的好处说出来?"

姐姐[14]说："花生的味[15]美。"

哥哥[16]说："花生可以榨油[17]。"

我说："花生的价钱[18]便宜[19]，谁都可以买来吃，都喜欢[20]吃。这就是它的好处。"

父亲说："花生的好处很多，有一样最可贵：它的果实埋在地里，不像桃子、石榴[21]、苹果那样，把鲜红嫩绿的果实高高地挂在枝头上，使人一见就生爱慕之心。你们看它矮矮地长在地上，等到成熟了，也不能立刻分辨出来它有没有果实，必须挖出来才知道。"

我们都说是，母亲也点点头。

父亲接下去说："所以你们要像花生，它虽然不好看，可是很有用，不是外表好看而没有实用的东西[22]。"

我说："那么，人要做有用的人，不要做只讲体面，而对别人没有好处的

人了。”//

父亲说：“对。这是我对你们的希望。”

我们谈到夜深才散。花生做的食品都吃完了，父亲的话却深深地印在我的心上。

节选自许地山《落花生》

①空地 kòngdì
②母亲 mǔ · qīn
③那么 nà · me
④开辟 kāipì
⑤出来 · chū · lái
⑥买种 mǎizhǒng
⑦播种 bōzhǒng
⑧父亲 fù · qīn
⑨尝尝 cháng · chang
⑩好不好 hǎo · buhǎo
⑪晚上 wǎn · shang
⑫答应 dā · ying
⑬谁 shéi/shuí
⑭姐姐 jiě · jie
⑮味 wèir
⑯哥哥 gē · ge
⑰榨油 zhàyóu
⑱价钱 jià · qián
⑲便宜 pián · yi
⑳喜欢 xǐ · huan
㉑石榴 shí · liu
㉒东西 dōng · xi

作品 27 号

我打猎归来，沿着花园的林阴路走着。狗跑在我前边。

突然，狗放慢脚步，蹑足[①]潜行[②]，好像嗅到了前边有什么野物。

我顺着林阴路望去，看见了一只嘴边还带黄色、头上生着柔毛的小麻雀。风猛烈地吹打着林阴路上的白桦树[③]，麻雀从巢[④]里跌落[⑤]下来[⑥]，呆呆地伏在地上，孤立无援地张开两只羽毛还未丰满的小翅膀。

我的狗慢慢向它靠近。忽然，从附近一棵树上飞下一只黑胸脯[⑦]的老麻雀，像一颗石子似的[⑧]落到狗的跟前。老麻雀全身倒竖着羽毛，惊恐万状，发出绝望、凄惨的叫声，接着向露出[⑨]牙齿、大张着的狗嘴扑去。

老麻雀是猛扑下来救护幼雀的。它用身体掩护着自己的幼儿……但它整个小小的身体因恐怖而战栗[⑩]着，它小小的声音也变得粗暴嘶哑，它在牺牲自己！

在它看来，狗该是多么庞大的怪物[⑪]啊[⑫]！然而，它还是不能站在自己高高的、安全的树枝上……一种比它的理智更强烈的力量，使它从那儿[⑬]扑下身来。

我的狗站住了，向后退了退……看来，它也感到了这种力量[14]。

我赶紧唤住惊慌失措的狗，然后我怀着崇敬的心情，走开了。

是啊，请不要见笑。我崇敬那只小小的、英勇的鸟儿[15]，我崇敬它那种爱的冲动和力量。

爱，我//想，比死和死的恐惧更强大。只有依靠它，依靠这种爱，生命才能维持下去，发展下去。

节选自［俄］屠格涅夫《麻雀》，巴金译

①蹑足 nièzú
②潜行 qiánxíng
③白桦树 báihuàshù
④巢 cháo
⑤跌落 diēluò
⑥下来・xià・lái
⑦胸脯 xiōngpú
⑧似的 shì・de
⑨露出 lòuchū
⑩战栗 zhànlì
⑪怪物 guài・wu
⑫啊 ・wa
⑬那儿 nàr
⑭力量 lì・liàng
⑮鸟儿 niǎor

作品 28 号

那年我六岁。离我家仅一箭之遥的小山坡旁，有一个早已被废弃的采石场，双亲从来不准我去那儿[1]，其实那儿风景十分迷人。

一个夏季的下午，我随着一群小伙伴[2]偷偷上那儿去了。就在我们穿越了一条孤寂的小路后，他们却把我一个人留在原地，然后奔[3]向“更危险的地带”了。

等他们走后，我惊慌失措地发现，再也找不到要回家的那条孤寂的小道了。像只无头的苍蝇[4]，我到处乱钻，衣裤上挂满了芒刺。太阳[5]已经落山，而此时此刻，家里一定开始吃晚餐了，双亲正盼着我回家……想着想着，我不由得背靠着一棵树，伤心地呜呜大哭起来[6]……

突然，不远处传来了声声柳笛。我像找到了救星，急忙循声[7]走去。一条小道边的树桩上坐着一位吹笛人，手里还正削[8]着什么。走近细看，他不就是被大家称为“乡巴佬儿”[9]的卡廷[10]吗？

“你好，小家伙儿[11]，”卡廷说，“看天气[12]多美，你是出来[13]散步的吧？”

我怯生生地点点头，答道：“我要回家了。”

“请耐心等上几分钟，”卡廷说，“瞧，我正在削一支柳笛，差不多[14]就要做好了，完工后就送给你吧！”

卡廷边削边不时把尚未成形的柳笛放在嘴里试吹一下。没过多久，一支柳笛便递到我手中。我俩在一阵阵清脆悦耳的笛音//中，踏上了归途……

当时，我心中只充满感激，而今天，当我自己也成了祖父时，却突然领悟到他用心之良苦！那天当他听到我的哭声时，便判定我一定迷了路，但他并不想在孩子面前扮演“救星”的角色[15]，于是吹响柳笛以便让我能发现他，并跟着他走出困境！就这样，卡廷先生以乡下人的纯朴，保护了一个小男孩儿[16]强烈的自尊。

节选自唐若水译《迷途笛音》

①那儿 nàr
②小伙伴 xiǎohuǒbànr
③奔 bēn
④苍蝇 cāng · ying
⑤太阳 tài · yáng
⑥起来 · qǐ · lái
⑦循声 xúnshēng
⑧削 xiāo
⑨乡巴佬儿 xiāng · balǎor
⑩卡廷 kǎtíng
⑪小家伙儿 xiǎojiā · huor
⑫天气 tiānqì
⑬出来 chū · lái
⑭差不多 chà · buduō
⑮角色 juésè
⑯男孩儿 nánháir

作品 29 号

在浩瀚无垠[1]的沙漠[2]里，有一片美丽的绿洲，绿洲里藏着一颗闪光的珍珠。这颗珍珠就是敦煌莫高窟[3]。它坐落在我国甘肃省敦煌市三危山和鸣沙山的怀抱中。

鸣沙山东麓[4]是平均高度为十七米的崖壁[5]。在一千六百多米长的崖壁上，凿有大小洞窟七百余个，形成了规模宏伟的石窟群。其中四百九十二个洞窟中，共有彩色塑像两千一百余尊，各种壁画共四万五千多平方米。莫高窟是我国古代无数艺术匠师留给人类的珍贵文化遗产。

莫高窟的彩塑，每一尊都是一件精美的艺术品。最大的有九层楼那么高，最小的还不如一个手掌大。这些彩塑个性鲜明，神态各异。有慈眉善目的菩萨[6]，有威风凛凛[7]的天王，还有强壮勇猛的力士……

莫高窟壁画的内容丰富多彩，有的是描绘古代劳动人民打猎、捕鱼[8]、耕田、收割的情景，有的是描绘人们奏乐、舞蹈、演杂技的场面，还有的是描绘大自然的美丽风光。其中最引人注目的是飞天。壁画上的飞天，有的臂挎花篮，采摘鲜花；有的反弹琵琶[9]，轻拨银弦[10]；有的倒悬身子，自天而降；有的彩带飘拂，漫天遨游[11]；有的舒展着双臂，翩翩起舞。看着这些精美动人的壁画，就像走进了//灿烂辉煌的艺术[12]殿堂。

莫高窟里还有一个面积不大的洞窟——藏经洞。洞里曾藏有我国古代的各种经卷[13]、文书、帛画[14]、刺绣、铜像等共六万多件。由于清朝政府腐败无能，大量珍贵的文物被外国强盗掠走[15]。仅存的部分经卷，现在陈列于北京故宫等处。

莫高窟是举世闻名的艺术宝库。这里的每一尊彩塑、每一幅[16]壁画、每一件文物，都是中国古代人民智慧的结晶。

节选自小学《语文》第六册中《莫高窟》

①无垠 wúyín
②沙漠 shāmò
③莫高窟 Mògāokū
④东麓 dōnglù
⑤崖壁 yábì
⑥菩萨 pú · sà
⑦凛凛 lǐnlǐn
⑧捕鱼 bǔyú
⑨琵琶 pí · pá
⑩银弦 yínxián
⑪遨游 áoyóu
⑫艺术 yìshù
⑬经卷 jīngjuàn
⑭帛画 bóhuà
⑮掠走 lüèzǒu
⑯幅 fú

作品 30 号

其实你在很久以前并不喜欢牡丹，因为[1]它总被人作为[2]富贵膜拜[3]。后来你目睹了一次牡丹的落花，你相信所有的人都会为[4]之感动：一阵清风徐来，娇艳鲜嫩的盛期牡丹忽然整朵整朵地坠落，铺撒一地绚丽[5]的花瓣。那花瓣落地时依然鲜艳夺目，如同一只奉上祭坛的大鸟脱落的羽毛，低吟着壮烈的悲歌离去。

牡丹没有花谢花败之时，要么烁[6]于枝头，要么归于泥土，它跨越萎顿[7]和衰老，由青春而死亡，由美丽而消遁[8]。它虽美却不吝惜[9]生命，即使告别也要展示给人最后一次的惊心动魄[10]。

所以在这阴冷的四月里，奇迹不会发生。任凭[11]游人扫兴和诅咒，牡丹依然安之若素。它不苟且、不俯就、不妥协、不媚俗，甘愿自己冷落自己。它遵循自己的花期自己的规律，它有权利为自己选择每年一度的盛大节日。它为什么[12]不拒绝寒冷？

天南海北的看花人，依然络绎不绝地涌入洛阳城。人们不会因牡丹的拒绝而拒绝它的美。如果它再被贬谪[13]十次，也许它就会繁衍出十个洛阳牡丹城。

于是你在无言的遗憾中感悟到，富贵与高贵只是一字之差[14]。同人一样，花儿[15]也是有灵性的，更有品位之高低。品位这东西为气为魂为//筋骨为神韵，只可意会。你叹服牡丹卓尔不群[16]之姿，方知品位是多么[17]容易被世人忽略或是漠视[18]的美。

节选自张抗抗《牡丹的拒绝》

①因为 yīn · wèi
②作为 zuòwéi
③膜拜 móbài
④为 wéi
⑤绚丽 xuànlì
⑥烁 shuò
⑦萎顿 wěidùn
⑧消遁 xiāodùn
⑨吝惜 lìnxī
⑩惊心动魄 jīngxīn-dòngpò
⑪任凭 rènpíng
⑫为什么 wèishén · me
⑬贬谪 biǎnzhé
⑭差 chā
⑮花儿 huār
⑯卓尔不群 zhuóěr-bùqún
⑰多么 duō · me
⑱漠视 mòshì

作品 31 号

森林涵养水源，保持水土，防止水旱灾害的作用[1]非常大。据专家测算，一片十万亩面积的森林，相当于一个两百万立方米的水库，这正如农谚[2]所说的："山上多栽树，等于修水库。雨多它能吞，雨少它能吐[3]。"

说起森林的功劳，那还多得很。它除了为人类提供[4]木材及许多种生产、生活的原料之外，在维护生态环境方面也是功劳卓著[5]。它用另一种"能吞能吐"的特殊功能孕育了人类。因为地球在形成之初，大气中的二氧化碳含量很高，氧气很少，气温也高，生物是难以生存的。大约在四亿年之前，陆地才产生了森林。森林慢慢将大气中的二氧化碳吸收，同时吐出新鲜氧气，调节气温：这才具备了人类生存的条件，地球上才最终有了人类。

森林，是地球生态系统的主体，是大自然的总调度室[6]，是地球的绿色之肺。森林维护地球生态环境的这种"能吞能吐"的特殊功能是其他任何物体都不能取代的。然而，由于地球上的燃烧物增多，二氧化碳的排放量急剧增加，使得地球生态环境急剧恶化，主要表现为⑦全球气候变暖，水分蒸发加快，改变了气流的循环，使气候变化加剧，从而引发热浪、飓风⑧、暴雨、洪涝⑨及干旱。

为了//使地球的这个"能吞能吐"的绿色之肺恢复健壮，以改善生态环境，抑制⑩全球变暖，减少水旱等自然灾害，我们应该大力造林、护林，使每一座荒山都绿起来。

节选自《中考语文课外阅读试题精选》中《"能吞能吐"的森林》

①作用 zuòyòng
②农谚 nóngyàn
③吐 tǔ
④提供 tígōng
⑤卓著 zhuózhù
⑥调度室 diàodùshì
⑦为 wéi
⑧飓风 jùfēng
⑨洪涝 hónglào
⑩抑制 yìzhì

作品 32 号

朋友①即将②远行。

暮春时节，又邀了几位朋友在家小聚。虽然都是极熟③的朋友，却是终年难得一见，偶尔电话里相遇，也无非是几句寻常话。一锅小米稀饭，一碟大头菜，一盘自家酿制的泡菜，一只巷口买回的烤鸭，简简单单，不像请客，倒像家人团聚。

其实，友情也好，爱情也好，久而久之都会转化为亲情。

说也奇怪，和新朋友会谈文学、谈哲学、谈人生道理等等，和老朋友却只话家常，柴米油盐，细细碎碎，种种琐事。很多时候④，心灵的契合⑤已经不需要太多的言语来表达。

朋友新烫了个头，不敢回家见母亲⑥，恐怕惊骇⑦了老人家，却欢天喜地来见我们，老朋友颇⑧能以一种趣味性的眼光欣赏这个改变。

年少的时候，我们差不多⑨都在为别人而活，为苦口婆心的父母活，为循循善诱⑩的师长活，为许多观念、许多传统的约束力⑪而活。年岁逐增⑫，渐渐挣脱⑬外在的限制⑭与束缚⑮，开始懂得⑯为自己活，照自己的方式做一些自己喜欢⑰的事，不在乎⑱别人的批评⑲意见⑳，不在乎别人的诋毁㉑流言，只在乎那一份随心所欲的舒坦㉒自然。偶尔，也能够纵容自己放浪一下，并且有一种恶作剧的窃喜。

就让生命顺其自然，水到渠成吧，犹如窗前的//乌桕[23]，自生自落之间，自有一份圆融丰满的喜悦。春雨轻轻落着，没有诗，没有酒，有的只是一份相知相属的自在自得。

夜色在笑语中渐渐沉落，朋友起身告辞，没有挽留，没有送别，甚至也没有问归期。

已经过了大喜大悲的岁月，已经过了伤感流泪的年华，知道了聚散原来是这样的自然和顺理成章，懂得这点，便懂得珍惜每一次相聚的温馨，离别便也欢喜。

节选自杏林子《朋友和其他》

①朋友 péng · you
②即将 jíjiāng
③熟 shú
④时候 shí · hou
⑤契合 qìhé
⑥母亲 mǔ · qīn
⑦惊骇 jīnghài
⑧颇 pō
⑨差不多 chà · buduō
⑩循循善诱 xúnxún-shànyòu
⑪约束力 yuēshùlì
⑫逐增 zhúzēng
⑬挣脱 zhèngtuō
⑭限制 xiànzhì
⑮束缚 shùfù
⑯懂得 dǒng · de
⑰喜欢 xǐ · huan
⑱在乎 zài · hu
⑲批评 pīpíng
⑳意见 yì · jiàn
㉑诋毁 dǐhuǐ
㉒舒坦 shū · tan
㉓乌桕 wūjiù

作品 33 号

我们在田野散步：我，我的母亲[1]，我的妻子和儿子。

母亲本不愿出来[2]的。她老了，身体不好，走远一点儿[3]就觉得[4]很累。我说，正因为[5]如此，才应该多走走[6]。母亲信服地点点头，便去拿外套。她现在很听我的话，就像我小时候[7]很听她的话一样。

这南方初春的田野，大块小块的新绿随意地铺着，有的浓，有的淡，树上的嫩芽也密了，田里的冬水也咕咕地[8]起着水泡。这[9]一切都使人想着一样东西[10]——生命。

我和母亲走在前面[11]，我的妻子和儿子走在后面[12]。小家伙[13]突然叫起来[14]："前面是妈妈[15]和儿子，后面也是妈妈和儿子。"我们都笑了。

后来发生了分歧：母亲要走大路，大路平顺；我的儿子要走小路，小路有意思[16]。不过，一切都取决于我。我的母亲老了，她早已习惯听从她强壮的儿子；我的儿子还小，他还习惯听从他高大的父亲；妻子呢，在外面[17]，她总是听我的。一霎时[18]我感到了责任的重大。我想找一个两全的办法，找不出；我想拆散一家人，分成两路，各得其所，终不愿意。我决定委屈[19]儿子，因为我伴同他的时日还长。我说："走大路。"

但是母亲摸摸[20]孙儿[21]的小脑瓜儿[22]，变了主意[23]："还是走小路吧。"她的眼随小路望去：那里有金色的菜花，两行整齐的桑树，//尽头一口水波粼粼[24]的鱼塘。"我走不过去[25]的地方[26]，你就背[27]着我。"母亲对我说。

这样[28]，我们在阳光下，向着那菜花、桑树和鱼塘走去。到了一处，我蹲下来[29]，背起了母亲；妻子也蹲下来，背起了儿子。我和妻子都是慢慢地[30]，稳稳地，走得很仔细，好像我背上[31]的同她背上的加起来，就是整个世界。

节选自莫怀戚《散步》

①母亲 mǔ · qīn
②出来 chū · lái
③一点儿 yìdiǎnr
④觉得 jué · de
⑤因为 yīn · wèi
⑥走走 zǒu · zou
⑦小时候 xiǎoshí · hou
⑧咕咕地 gūgū · de
⑨这 zhè/zhèi
⑩东西 dōng · xi
⑪前面 qiánmiàn
⑫后面 hòumiàn
⑬小家伙 xiǎojiā · huo/xiǎojiā · huor
⑭叫起来 jiào · qǐ · lái
⑮妈妈 mā · ma
⑯意思 yì · si
⑰外面 wàimiàn
⑱一霎时 yíshàshí
⑲委屈 wěi · qu
⑳摸摸 mō · mo
㉑孙儿 sūn'ér
㉒脑瓜儿 nǎoguār
㉓主意 zhǔ · yi/zhú · yi
㉔水波粼粼 shuǐbō-línlín
㉕过去 guò · qù
㉖地方 dì · fang
㉗背 bēi
㉘这样 zhèyàng
㉙蹲下来 dūn · xià · lái
㉚慢慢地 mànmàn · de/mànmānr · de
㉛背上 bèi · shang

作品 34 号

地球上是否真的存在“无底洞”？按说地球是圆的，由地壳[1]、地幔[2]和地核三层组成，真正的“无底洞”是不应存在的，我们所看到的各种山洞、裂口、裂缝，甚至火山口也都只是地壳浅部的一种现象。然而中国一些古籍却多次提到海外有个深奥莫测的无底洞。事实上地球上确实有这样[3]一个“无底洞”。

它位于希腊亚各斯[4]古城的海滨。由于濒临[5]大海，大涨潮[6]时，汹涌的海水便会排山倒海般地涌入洞中，形成一股湍湍[7]的急流。据测，每天流入洞内的海水量达三万多吨。奇怪的是，如此大量的海水灌入洞中，却从来没有把洞灌满。曾有人怀疑，这个[8]“无底洞”，会不会[9]就像石灰岩地区的漏斗、竖井、落水洞一类的地形。然而从二十世纪三十年代以来，人们就做了多种努力企图[10]寻找它的出口，却都是枉费[11]心机。

为了揭开这个秘密[12]，一九五八年美国地理学会派出一支考察队，他们把一种经久不变的带色染料溶解在海水中，观察染料是如何随着海水一起沉下去。接着又察看了附近海面以及岛上的各条河、湖，满怀希望地寻找这种带颜色的水，结果令人失望。难道是海水量太大把有色水稀释得太淡，以致无法发现？//

至今谁[13]也不知道为什么这里的海水会没完没了[14]地“漏”下去，这个“无底洞”的出口又在哪里，每天大量的海水究竟都流到哪里去了？

节选自罗伯特·罗威尔《神秘的“无底洞”》

①地壳 dìqiào
②地幔 dìmàn
③这样 zhèyàng
④亚各斯 Yàgèsī
⑤濒临 bīnlín
⑥涨潮 zhǎngcháo
⑦湍湍 tuāntuān
⑧这个 zhè · ge/zhèi · ge
⑨会不会 huì · búhuì
⑩企图 qǐtú
⑪枉费 wǎngfèi
⑫秘密 mìmì
⑬谁 shéi/shuí
⑭没完没了 méiwán-méiliǎo

作品 35 号

我在俄国见到的景物再没有比托尔斯泰墓更宏伟、更感人的。

完全按照托尔斯泰的愿望[1]，他的坟墓成了世间最美的，给人印象[2]最深刻的坟墓。它只是树林中的一个小小的长方形土丘，上面[3]开满鲜花——没有十字架，没有墓碑，没有墓志铭，连托尔斯泰这个名字[4]也没有。

这位比谁[5]都感到受自己的声名所累[6]的伟人，却像偶尔被发现的流浪汉，不为[7]人知的士兵，不留名姓地被人埋葬了。谁都可以踏进他最后的安息地，围在四周稀疏的木栅栏[8]是不关闭的——保护列夫·托尔斯泰得以安息的没有任何别的东西[9]，惟有人们的敬意；而通常，人们却总是怀着好奇，去破坏伟人墓地的宁静。

这里，逼人的朴素禁锢[10]住任何一种观赏的闲情，并且不容许你大声说话。风儿[11]俯临，在这座无名者之墓的树木之间飒飒[12]响着，和暖的阳光在坟头嬉戏；冬天，白雪温柔地覆盖这片幽暗的土地。无论你在夏天或冬天经过这儿，你都想像不到，这个小小的、隆起的长方体里安放着一位当代最伟大的人物。

然而，恰恰是这座不留姓名的坟墓，比所有挖空心思[13]用大理石和奢华装饰建造的坟墓更扣人心弦[14]。在今天这个特殊的日子里，//到他的安息地来的成百上千人中间，没有一个有勇气，哪怕仅仅从这幽暗的土丘上摘下一朵花留作纪念。人们重新感到，世界上再没有比托尔斯泰最后留下的、这座纪念碑式的朴素坟墓，更打动人心的了。

节选自[奥]茨威格《世间最美的坟墓》，张厚仁译

①愿望 yuànwàng
②印象 yìnxiàng
③上面 shàngmiàn
④名字 míng · zi
⑤谁 shéi/shuí
⑥累 lěi
⑦为 wéi
⑧栅栏 zhà · lan
⑨东西 dōng · xi
⑩禁锢 jìngù
⑪风儿 fēng · ér
⑫飒飒 sàsà
⑬心思 xīn · si
⑭心弦 xīnxián

作品 36 号

我国的建筑[1]，从古代的宫殿到近代的一般住房，绝大部分是对称的，左边[2]怎么样，右边[3]怎么样。苏州园林可绝不讲究[4]对称[5]，好像故意避免似的[6]。东边[7]有了一个亭子或者一道回廊，西边[8]决不会来一个同样的亭子或者一道同样的回廊。这是为什么[9]？我想，用图画来比方[10]，对称的建筑是图案

画，不是美术画，而园林是美术画，美术画要求自然之趣，是不讲究对称的。

苏州园林里都有假山和池沼[11]。

假山的堆叠，可以说是一项艺术而不仅是技术。或者是重峦叠嶂[12]，或者是几座小山配合着竹子花木，全在乎[13]设计者和匠师们生平多阅历，胸中有丘壑[14]，才能使游览者攀登的时候忘却苏州城市，只觉得身在山间。

至于池沼，大多引用活水。有些园林池沼宽敞，就把池沼作为全园的中心，其他景物配合着布置。水面假如成河道模样[15]，往往安排桥梁。假如安排两座以上的桥梁，那就一座一个样，决不雷同。

池沼或河道的边沿很少砌[16]齐整的石岸，总是高低屈曲[17]任其自然。还在那儿[18]布置几块玲珑的石头[19]，或者种些花草。这也是为了取得从各个角度看都成一幅画的效果。池沼里养着金鱼或各色鲤鱼，夏秋季节荷花或睡莲开//放，游览者看“鱼戏莲叶间”，又是入画的一景。

节选自叶圣陶《苏州园林》

①建筑 jiànzhù
②左边 zuǒ · bian/zuǒ · bianr
③右边 yòu · bian/yòu · bianr
④讲究 jiǎng · jiu
⑤对称 duìchèn
⑥似的 shì · de
⑦东边 dōng · bian/dōng · bianr
⑧西边 xī · bian/xī · bianr
⑨为什么 wèishén · me
⑩比方 bǐ · fang
⑪池沼 chízhǎo
⑫重峦叠嶂 chóngluán-diézhàng
⑬在乎 zài · hu
⑭丘壑 qiūhè
⑮模样 múyàng
⑯砌 qì
⑰屈曲 qūqū
⑱那儿 nàr
⑲石头 shí · tou

作品 37 号

一位访美中国女作家，在纽约遇到[1]一位卖花的老太太[2]。老太太穿着[3]破旧[4]，身体虚弱，但脸上的神情却是那样祥和兴奋[5]。女作家挑了一朵花说：“看起来[6]，你很高兴。”老太太面带微笑地说：“是的，一切都这么美好，我为什么不高兴呢？”“对烦恼，你倒真能看得开[7]。”女作家又说了一句。没料到，老太太的回答更令女作家大吃一惊：“耶稣在星期五被钉上[8]十字架时，是全世界最糟糕的一天，可三天后就是复活节。所以，当我遇到不幸时，就会等待三天，这样⑨一切就恢复正常了。”

“等待三天”，多么富于哲理的话语，多么⑩乐观的生活方式。它把烦恼和痛苦抛下，全力去收获快乐。

沈从文在“文革”期间，陷入了非人的境地。可他毫不在意，他在咸宁时给他的表侄、画家黄永玉写信说：“这里的荷花真好，你若来……”身陷苦难却仍⑪为荷花的盛开欣喜赞叹不已，这是一种趋于澄明⑫的境界，一种旷达洒脱的胸襟，一种面临磨难坦荡从容的气度⑬，一种对生活童子般的热爱和对美好事物无限向往的生命情感。

由此可见，影响一个人快乐的，有时并不是困境及磨难⑭，而是一个人的心态。如果把自己浸泡⑮在积极、乐观、向上的心态中，快乐必然会//占据你的每一天。

节选自《态度创造快乐》

①遇到 yùdào
②老太太 lǎotài · tai
③穿着 chuānzhuó
④破旧 pòjiù
⑤兴奋 xīngfèn
⑥看起来 kàn · qǐ · lái
⑦看得开 kàn · dekāi
⑧钉上 dìng · shàng
⑨这样 zhèyàng
⑩多么 duō · me
⑪仍 réng
⑫澄明 chéngmíng
⑬气度 qìdù
⑭磨难 mónàn
⑮浸泡 jìnpào

作品 38 号

泰山极顶看日出，历来被描绘成十分壮观的奇景。有人说：登泰山而看不到日出，就像一出大戏没有戏眼，味儿①终究有点②寡淡。

我去爬山那天③，正赶上④个难得的好天，万里长空，云彩⑤丝儿⑥都不见。素常，烟雾腾腾的山头，显得⑦眉目分明。同伴们都欣喜地说：“明天早晨⑧准可以看见⑨日出了。”我也是抱着这种想头⑩，爬上山去。

一路从山脚往上爬，细看山景，我觉得挂在眼前的不是五岳独尊的泰山，却像一幅⑪规模⑫惊人的青绿山水画，从下面⑬倒展开来。在画卷⑭中最先露出⑮的是山根底那座明朝建筑岱宗坊⑯，慢慢地⑰便现出王母池、斗母宫⑱、经石峪⑲。山是一层比一层深，一叠比一叠奇，层层叠叠，不知还会有多深多奇。万山丛中，时而点染着极其工细的人物。王母池旁的吕祖殿里有不少尊明塑，塑着吕洞宾等一些人，姿态神情是那样[20]有生气[21]，你看了，不禁会脱口赞叹说："活啦。"

画卷继续展开，绿阴森森的柏洞[22]露面[23]不太久，便来到对松山。两面奇峰对峙[24]着，满山峰都是奇形怪状的老松，年纪怕都有上千岁了，颜色竟那么浓，浓得好像要流下来[25]似的[26]。来到这儿[27]，你不妨权当[28]一次画里的写意人物，坐在路旁的对松亭里，看看[29]山色，听听[30]流//水和松涛。

一时间，我又觉得[31]自己不仅是在看画卷，却又像是在零零乱乱翻着一卷[32]历史稿本。

节选自杨朔《泰山极顶》

①味儿 wèir
②有点 yǒudiǎnr
③那天 nàtiān/nèitiān
④赶上 gǎn · shàng
⑤云彩 yún · cai
⑥丝儿 sīr
⑦显得 xiǎn · de
⑧早晨 zǎo · chen
⑨看见 kànjiàn
⑩想头 xiǎng · tou/xiǎng · tour
⑪一幅 yìfú
⑫规模 guīmó
⑬下面 xiàmiàn
⑭画卷 huàjuàn
⑮露出 lòuchū
⑯岱宗坊 Dàizōngfāng
⑰慢慢地 mànmàn · de/mànmānr · de
⑱斗母宫 Dǒumǔgōng
⑲经石峪 Jīngshíyù
⑳那样 nàyàng
㉑生气 shēngqì
㉒柏洞 Bǎidòng
㉓露面 lòumiàn
㉔对峙 duìzhì
㉕流下来 liú · xià · lái
㉖似的 shì · de
㉗这儿 zhèr/zhèir
㉘权当 quándàng
㉙看看 kàn · kan
㉚听听 tīng · ting
㉛觉得 jué · de
㉜一卷 yíjuàn

作品 39 号

育才小学校长陶行知[1]在校园看到学生[2]王友用泥块[3]砸自己班上[4]的同学，陶行知当即[5]喝止[6]了他，并令他放学后到校长室去。无疑，陶行知是要好好[7]教育[8]这个“顽皮”的学生。那么他是如何教育的呢？

放学后，陶行知来到校长室，王友已经等在门口准备挨训[9]了。可一见面，陶行知却掏出一块[10]糖果送给王友，并说："这是奖给你的，因为你按时来到这里，而我却迟到了。"王友惊疑地接过[11]糖果。

随后，陶行知又掏出一块糖果放到他手里，说："这第二块糖果也是奖给你的，因为[12]当我不让你再打人时，你立即[13]就住手了，这说明你很尊重我，我应该奖你。"王友更惊疑了，他眼睛[14]睁得大大的。

陶行知又掏出第三块糖果塞到王友手里，说："我调查过[15]了，你用泥块砸那些男生，是因为他们不守游戏规则，欺负[16]女生；你砸他们，说明你很正直善良，且有批评[17]不良行为的勇气，应该奖励你啊[18]！"王友感动极了，他流着眼泪后悔地喊道："陶……陶校长，你打我两下吧！我砸的不是坏人[19]，而是自己的同学啊[20]……"

陶行知满意地笑了，他随即[21]掏出第四块糖果递给王友，说："为[22]你正确地认识[23]错误，我再奖给你一块糖果，只可惜我只有这一块糖果了。我的糖果//没有了，我看我们的谈话也该结束[24]了吧！"说完，就走出了校长室。

节选自《教师博览·百期精华》中《陶行知的"四块糖果"》

①陶行知 Táo Xíngzhī
②学生 xué · shēng
③泥块 níkuài/níkuàir
④班上 bān · shang
⑤当即 dāngjí
⑥喝止 hèzhǐ
⑦好好 hǎohǎo/hǎohāor
⑧教育 jiāoyù
⑨挨训 áixùn
⑩一块 yíkuài/yíkuàir
⑪接过 jiē · guò
⑫因为 yīn · wèi
⑬立即 lìjí
⑭眼睛 yǎn · jing
⑮调查过 diàochá · guo
⑯欺负 qī · fu
⑰批评 pīpíng
⑱啊 · ya
⑲坏人 huàirén
⑳啊 · ya
㉑随即 suíjí
㉒为 wèi
㉓认识 rèn · shi
㉔结束 jiéshù

作品 40 号

享受幸福是需要学习的，当它即将[1]来临的时刻需要提醒。人可以自然而然地学会感官的享乐，却无法天生地掌握幸福的韵律。灵魂的快意同器官的舒适像一对孪生[2]兄弟，时而相傍[3]相依，时而南辕北辙。

幸福是一种心灵的震颤[4]。它像会倾听[5]音乐的耳朵[6]一样，需要不断地训练。

简而言之，幸福就是没有痛苦的时刻。它出现的频率并不像我们想像的那样[7]少。人们常常只是在幸福的金马车已经驶过去[8]很远时，才拣起地上的金鬃毛说，原来我见过[9]它。

人们喜爱回味幸福的标本，却忽略它披着露水散发清香的时刻。那时候[10]我们往往步履[11]匆匆，瞻前顾后不知在忙着什么[12]。

世上有预报台风的，有预报蝗灾的，有预报瘟疫的，有预报地震的。没有人预报幸福。

其实幸福和世界万物一样，有它的征兆。

幸福常常是朦胧的，很有节制地向我们喷洒甘霖。你不要总希望轰轰烈烈的幸福，它多半只是悄悄地扑面而来。你也不要企图[13]把水龙头拧[14]得更大，那样它会很快地流失。你需要静静地以平和之心，体验它的真谛。

幸福绝大多数是朴素的。它不会像信号弹似的[15]，在很高的天际闪烁红色的光芒。它披着本色的外//衣，亲切温暖地包裹起我们。

幸福不喜欢喧嚣浮华，它常常在暗淡中降临。贫困中相濡以沫[16]的一块糕饼，患难中心心相印的一个眼神，父亲一次粗糙[17]的抚摸[18]，女友一张温馨的字条……这都是千金难买的幸福啊。像一粒粒缀在旧绸子上的红宝石，在凄凉中愈发熠熠[19]夺目。

节选自毕淑敏《提醒幸福》

①即将 jíjiāng
②孪生 luánshēng
③相傍 xiàngbàng
④震颤 zhènchàn
⑤倾听 qīngtīng
⑥耳朵 ěr · duo
⑦那样 nàyàng
⑧驶过去 shǐ · guò · qù
⑨见过 jiàn · guo
⑩时候 shí · hou
⑪步履 bùlǚ
⑫什么 shén · me
⑬企图 qǐtú
⑭拧 nǐng
⑮似的 shì · de
⑯相濡以沫 xiāngrú-yǐmò
⑰粗糙 cūcāo
⑱抚摸 fǔmō
⑲熠熠 yìyì

作品41号

在里约热内卢的一个贫民窟里，有一个男孩子，他非常喜欢[①]足球，可是又买不起[②]，于是就踢塑料盒[③]，踢汽水瓶[④]，踢从垃圾箱里拣来的椰子壳[⑤]。他在胡同[⑥]里踢，在能找到的任何一片空地上[⑦]踢。

有一天，当他在一处干涸[⑧]的水塘里猛踢一个猪膀胱[⑨]时，被一位足球教练看见了。他发现这个男孩儿[⑩]踢得很像是那么回事，就主动提出要送给他一个足球。小男孩儿得到足球后踢得更卖劲[⑪]了。不久，他就能准确地把球踢进远处随意摆放的一个水桶里。

圣诞节到了，孩子的妈妈说："我们没有钱买圣诞礼物送给我们的恩人，就让我们为他祈祷[⑫]吧。"

小男孩儿跟随妈妈祈祷完毕，向妈妈要了一把铲子便跑了出去。他来到一座别墅前的花园里，开始挖坑。

就在他快要挖好坑的时候[⑬]，从别墅里走出一个人来，问小孩儿在干什么[⑭]，孩子抬起满是汗珠的脸蛋儿[⑮]，说："教练，圣诞节到了，我没有礼物送给您，我愿给您的圣诞树挖一个树坑。"

教练把小男孩儿从树坑里拉上来，说，我今天得到了世界上最好的礼物。明天你就到我的训练场去吧。

三年后，这位十七岁的男孩儿在第六届足球锦标赛上独进二十一球，为巴西第一次捧回了金杯。一个原//来不为[⑯]世人所知的名字[⑰]——贝利，随之传遍世界。

节选自刘燕敏《天才的造就》

①喜欢 xǐ · huan
②买不起 mǎi · bùqǐ
③塑料盒 sùliàohér
④汽水瓶 qìshuǐpíng/qìshuǐpíngr
⑤椰子壳 yē · zikér
⑥胡同 hútòngr
⑦空地上 kòngdì · shang
⑧干涸 gānhé
⑨膀胱 pángguāng
⑩男孩儿 nánháir
⑪卖劲 màijìnr
⑫祈祷 qídǎo
⑬时候 shí · hou
⑭什么 shén · me
⑮脸蛋儿 liǎndànr
⑯为 wéi
⑰名字 míng · zi

作品 42 号

记得[1]我十三岁时，和母亲住在法国东南部的耐斯城。母亲[2]没有丈夫[3]，也没有亲戚[4]，够清苦的，但她经常能拿出令人吃惊的东西[5]，摆在我面前。她从来不吃肉，一再说自己是素食者。然而有一天，我发现母亲正仔细地用一小块[6]碎面包擦那给我煎牛排用的油锅。我明白了[7]她称[8]自己为[9]素食者的真正原因。

我十六岁时，母亲成了耐斯市美蒙[10]旅馆的女经理。这时，她更忙碌了。一天，她瘫在椅子上，脸色苍白，嘴唇发灰。马上找来医生[11]，做出诊断：她摄取[12]了过多的胰岛素。直到这时我才知道[13]母亲多年一直对我隐瞒的疾痛——糖尿病。

她的头歪向枕头[14]一边，痛苦地用手抓挠[15]胸口。床架上方，则挂着一枚我一九三二年赢得耐斯市少年乒乓球冠军的银质奖章。

啊，是对我的美好前途的憧憬支撑着她活下去[16]，为了给她那荒唐的梦至少加一点[17]真实的色彩，我只能继续努力，与时间竞争，直至一九三八年我被征入空军。巴黎很快失陷，我辗转[18]调到[19]英国皇家空军。刚到英国就接到了母亲的来信。这些信是由在瑞士的一个朋友[20]秘密[21]地转到伦敦，送到我手中的。

现在我要回家了，胸前佩戴着醒目的绿黑两色的解放十字绶//带[22]，上面[23]挂着五六枚我终生难忘的勋章，肩上[24]还佩戴着军官肩章。到达旅馆时，没有一个人跟我打招呼[25]。原来，我母亲在三年半以前就已经离开人间了。

在她死前的几天中，她写了近二百五十封信，把这些信交给她在瑞士的朋友，请这个[26]朋友定时寄给我。就这样[27]，在母亲死后的三年半的时间里，我一直从她身上吸取着力量[28]和勇气——这使我能够继续战斗到胜利那一天。

节选自［法］罗曼·加里《我的母亲独一无二》

①记得 jì · de
②母亲 mǔ · qīn
③丈夫 zhàng · fu
④亲戚 qīn · qi
⑤东西 dōng · xi
⑥一小块 yìxiǎokuàir
⑦明白了 míng · bai · le
⑧称 chēng
⑨为 wéi
⑩美蒙 měiméng
⑪医生 yīshēng
⑫摄取 shèqǔ

⑬知道 zhī · dào
⑭枕头 zhěn · tou
⑮抓挠 zhuā · nao［方］
⑯活下去 huó · xià · qù
⑰一点 yīdiǎnr
⑱辗转 zhǎnzhuǎn
⑲调到 diàodào
⑳朋友 péng · you
㉑秘密 mìmì
㉒绶带 shòudài
㉓上面 shàngmiàn
㉔肩上 jiān · shang
㉕打招呼 dǎzhāo · hu
㉖这个 zhè · ge/zhèi · ge
㉗这样 zhèyàng
㉘力量 lì · liàng

作品 43 号

生活对于任何人都非易事，我们必须有坚韧不拔[①]的精神[②]。最要紧的，还是我们自己要有信心。我们必须相信，我们对每一件事情[③]都具有天赋的才能，并且，无论付出任何代价，都要把这件事完成。当事情结束[④]的时候[⑤]，你要能问心无愧地说："我已经尽我所能了。"

有一年的春天，我因病被迫[⑥]在家里休息[⑦]数周。我注视着我的女儿们所养的蚕[⑧]正在结茧[⑨]，这使我很感兴趣[⑩]。望着这些蚕执著地[⑪]、勤奋地工作，我感到我和它们非常相似。像它们一样，我总是耐心地把自己的努力集中在一个目标上。我之所以如此，或许是因为有某种力量[⑫]在鞭策着我——正如蚕被鞭策着去结茧一般。

近五十年来，我致力于科学研究，而研究，就是对真理的探讨。我有许多美好快乐的记忆。少女时期我在巴黎大学，孤独地过着求学的岁月；在后来献身科学的整个时期，我丈夫[⑬]和我专心致志，像在梦幻中一般，坐在简陋的书房里艰辛[⑭]地研究，后来我们就在那里发现了镭。

我永远追求安静的工作和简单的家庭生活。为了实现这个理想，我竭力保持宁静的环境，以免受人事的干扰和盛名的拖累[⑮]。

我深信，在科学方面我们有对事业而不//是对财富的兴趣。我的惟一奢望是在一个自由国家中，以一个自由学者的身份从事研究工作。

我一直沉醉于世界的优美之中，我所热爱的科学也不断增加它崭新[⑯]的远景。我认定科学本身就具有伟大的美。

节选自［波兰］玛丽 · 居里《我的信念》，剑捷译

①坚韧不拔 jiānrèn-bùbá
②精神 jīngshén
③事情 shì · qing
④结束 jiéshù
⑤时候 shí · hou
⑥被迫 bèipò
⑦休息 xiū · xi
⑧蚕 cán
⑨结茧 jiéjiǎn
⑩兴趣 xìngqù
⑪执著地 zhízhuó · de
⑫力量 lì · liàng
⑬丈夫 zhàng · fu
⑭艰辛 jiānxīn
⑮拖累 tuōlěi
⑯崭新 zhǎnxīn

作品 44 号

我为什么[1]非要教书不可？是因为[2]我喜欢[3]当教师的时间安排表和生活节奏。七、八、九三个月给我提供[4]了进行回顾、研究、写作的良机，并将三者有机融合，而善于回顾、研究和总结正是优秀教师素质中不可缺少的成分。

干这行[5]给了我多种多样的"甘泉"去品尝，找优秀的书籍去研读，到"象牙塔"和实际世界里去发现。教学工作给我提供了继续学习的时间保证，以及多种途径、机遇和挑战。

然而，我爱这一行的真正原因，是爱我的学生[6]。学生们在我的眼前成长、变化。当教师意味着亲历"创造"过程的发生——恰似亲手赋予[7]一团泥土以生命，没有什么比目睹它开始呼吸更激动人心的了。

权利我也有了：我有权利去启发诱导，去激发智慧的火花，去问费心思考的问题，去赞扬回答的尝试，去推荐书籍，去指点迷津。还有什么[8]别的权利能与之相比呢？

而且，教书还给我金钱和权利之外的东西[9]，那就是爱心。不仅有对学生的爱，对书籍的爱，对知识的爱，还有教师才能感受到的对"特别"学生的爱。这些学生，有如冥顽不灵[10]的泥块[11]，由于接受了老师的炽爱[12]才勃发[13]了生机。

所以，我爱教书，还因为，在那些勃发生机的"特别"学//生身上，我有时发现自己和他们呼吸相通，忧乐与共。

节选自[美]彼得 · 基 · 贝得勒《我为什么当教师》

①为什么 wèishén · me
②因为 yīn · wèi
③喜欢 xǐ · huan
④提供 tígōng
⑤这行 zhèháng
⑥学生 xué · shēng
⑦赋予 fùyǔ
⑧什么 shén · me
⑨东西 dōng · xi
⑩冥顽不灵 míngwán-bùlíng
⑪泥块 níkuài/níkuàir
⑫炽爱 chìài
⑬勃发 bófā

作品 45 号

中国西部我们通常是指黄河与秦岭①相连一线②以西，包括西北和西南的十二个省、市、自治区。这块③广袤④的土地面积⑤为五百四十六万平方公里，占国土总面积的百分之五十七；人口二点⑥八亿，占全国总人口的百分之二十三。

西部是华夏文明的源头。华夏祖先的脚步是顺着水边走的：长江上游出土过⑦元谋人⑧牙齿化石，距今约一百七十万年；黄河中游出土过蓝田人头盖骨，距今约七十万年。这两处古人类都比距今约五十万年的北京猿人资格更老。

西部地区是华夏文明的重要发源地。秦皇汉武以后，东西方文化在这里交汇融合，从而有了丝绸之路的驼铃声声，佛院⑨深寺的暮鼓晨钟。敦煌莫高窟⑩是世界文化史上的一个奇迹，它在继承汉晋艺术传统的基础上，形成了自己兼收并蓄的恢宏气度，展现出精美绝伦的艺术⑪形式和博大⑫精深的文化内涵。秦始皇兵马俑、西夏王陵、楼兰古国、布达拉宫、三星堆、大足石刻等历史文化遗产，同样为⑬世界所瞩目⑭，成为中华文化重要的象征。

西部地区又是少数民族及其文化的集萃地，几乎⑮包括了我国所有的少数民族。在一些偏远的少数民族地区，仍保留//了一些久远时代的艺术品种，成为珍贵的“活化石”，如纳西古乐、戏曲、剪纸、刺绣、岩画等民间艺术和宗教艺术。特色鲜明、丰富多彩，犹如一个巨大的民族民间文化艺术宝库。

我们要充分重视和利用这些得天独厚的资源优势，建立良好的民族民间文化生态环境，为西部大开发做出贡献。

节选自《中考语文课外阅读试题精选》中《西部文化和西部开发》

①秦岭 qínlǐng
②一线 yíxiàn
③这块 zhèkuài/zhèkuàr
④广袤 guǎngmào

⑤面积 miànjī
⑥点 diǎnr
⑦出土过 chūtǔ · guo
⑧元谋人 yuánmóurén
⑨佛院 fóyuàn
⑩莫高窟 Mògāokū
⑪艺术 yìshù
⑫博大 bódà
⑬为 wéi
⑭瞩目 zhǔmù
⑮几乎 jīhū

作品 46 号

高兴，这是一种具体的被看得到①摸得着②的事物所唤起的情绪。它是心理的，更是生理的。它容易来也容易去，谁③也不应该对它视而不见失之交臂，谁也不应该总是做那些使自己不高兴也使旁人不高兴的事。让我们说一件最容易做也最令人高兴的事吧，尊重你自己，也尊重别人，这是每一个人的权利，我还要说这是每一个人的义务④。

快乐，它是一种富有概括性的生存状态、工作状态。它几乎⑤是先验的，它来自生命本身的活力，来自宇宙、地球和人间的吸引，它是世界的丰富、绚丽、阔大、悠久的体现。快乐还是一种力量⑥，是埋在地下的根脉。消灭一个人的快乐比挖掘掉一棵大树的根要难得多。

欢欣，这是一种青春的、诗意的情感。它来自面向着未来伸开双臂奔跑的冲力，它来自一种轻松而又神秘、朦胧而又隐秘的激动，它是激情即将⑦到来的预兆，它又是大雨过后的比下雨还要美妙得多也久远得多的回味……

喜悦，它是一种带有形而上⑧色彩的修养和境界。与其说它是一种情绪，不如说它是一种智慧、一种超拔、一种悲天悯人⑨的宽容和理解，一种饱经沧桑的充实和自信，一种光明的理性，一种坚定//的成熟⑩，一种战胜了烦恼和庸俗的清明澄澈⑪。它是一潭清水，它是一抹⑫朝霞⑬，它是无边的平原，它是沉默⑭的地平线，多一点儿⑮、再多一点儿喜悦吧，它是翅膀，也是归巢⑯。它是一杯美酒，也是一朵永远开不败的莲花。

节选自王蒙《喜悦》

①看得到 kàn · dedào
②摸得着 mō · dezháo
③谁 shéi/shuí
④义务 yìwù
⑤几乎 jīhū
⑥力量 lì · liàng
⑦即将 jíjiāng
⑧形而上 xíngérshàng

⑨悲天悯人 bēitiān-mǐnrén
⑩成熟 chéngshú
⑪澄澈 chéngchè
⑫一抹 yìmǒ
⑬朝霞 zhāoxiá
⑭沉默 chénmò
⑮一点儿 yìdiǎnr
⑯归巢 guīcháo

作品 47 号

在湾仔[①]，香港最热闹[②]的地方[③]，有一棵榕树，它是最贵的一棵树，不光在香港，在全世界，都是最贵的。

树，活的树，又不卖何言其贵？只因它老，它粗，是香港百年沧桑的活见证，香港人不忍看着它被砍伐，或者被移走，便跟要占用这片山坡[④]的建筑者[⑤]谈条件：可以在这儿[⑥]建大楼盖商厦，但一不准砍树，二不准挪树，必须把它原地精心养起来[⑦]，成为香港闹市中的一景。太古大厦的建设者最后签了合同[⑧]，占用这个大山坡建豪华商厦的先决条件是同意保护这棵老树。

树长在半山坡上，计划将树下面[⑨]的成千上万吨山石全部掏空取走，腾出地方来盖楼，把树架在大楼上面，仿佛它原本是长在楼顶上[⑩]似的[⑪]。建设者就地造了一个直径十八米、深十米的大花盆，先固定好这棵老树，再在大花盆底下盖楼。光这一项就花了两千三百八十九万港币，堪称[⑫]是最昂贵的保护措施了。

太古大厦落成之后，人们可以乘[⑬]滚动扶梯一次到位，来到太古大厦的顶层，出后门[⑭]，那儿[⑮]是一片自然景色。一棵大树出现在人们面前，树干有一米半粗，树冠[⑯]直径足有二十多米，独木成林，非常壮观，形成一座以它为中心的小公园，取名叫“榕圃[⑰]”。树前面[⑱]//插着铜牌，说明缘由。此情此景，如不看铜牌的说明，绝对想不到巨树根底下[⑲]还有一座宏伟的现代大楼。

节选自舒乙《香港：最贵的一棵树》

①湾仔 Wānzǎi
②热闹 rè · nao
③地方 dì · fang
④山坡 shānpō
⑤建筑者 jiànzhùzhě
⑥这儿 zhèr/zhèir
⑦养起来 yǎng · qǐ · lái
⑧合同 hé · tóng
⑨下面 xiàmiàn
⑩楼顶上 lóudǐng · shang
⑪似的 shì · de
⑫堪称 kānchēng
⑬乘 chéng
⑭后门 hòumén/hòuménr

⑮那儿 nàr
⑯树冠 shùguān
⑰榕圃 róngpǔ
⑱前面 qiánmiàn
⑲底下 dǐ · xia

作品 48 号

我们的船渐渐地逼近榕树了：我有机会看清它的真面目：是一棵大树，有数不清的丫枝，枝上又生根，有许多根一直垂到地上[1]，伸进泥土里。一部分树枝垂到水面，从远处看，就像一棵大树斜躺在水面上[2]一样。

现在正是枝繁叶茂的时节。这棵榕树好像在把它的全部生命力展示给我们看。那么多的绿叶，一簇[3]堆在另一簇的上面[4]，不留一点儿[5]缝隙[6]。翠绿的颜色明亮地在我们的眼前闪耀，似乎每一片树叶上都有一个新的生命在振动[7]，这美丽的南国的树！

船在树下泊[8]了片刻，岸上很湿，我们没有上去[9]。朋友[10]说这里是“鸟的天堂”，有许多鸟在这棵树上做窝，农民不许人去捉它们。我仿佛听见几只鸟扑翅的声音，但是等到我的眼睛注意地看那里时，我却看不见一只鸟的影子。只有无数的树根立在地上，像许多根木桩。地是湿的，大概涨潮时河水常常冲上岸去。“鸟的天堂”里没有一只鸟，我这样想到。船开了，一个朋友拨[11]着船，缓缓地流到河中间去。

第二天，我们划着船到一个朋友的家乡去，就是那个[12]有山有塔的地方。从学校出发，我们又经过那“鸟的天堂”。

这一次是在早晨[13]，阳光照在水面上，也照在树梢上。一切都//显得[14]非常光明。我们的船也在树下泊了片刻。

起初四周围非常清静。后来忽然起了一声鸟叫。我们把手一拍，便看见一只大鸟飞了起来[15]，接着又看见第二只，第三只。我们继续拍掌，很快地这个树林就变得很热闹[16]了。到处都是鸟声，到处都是鸟影。大的，小的，花的，黑的，有的站在枝上[17]叫，有的飞起来，在扑翅膀。

节选自巴金《小鸟的天堂》

①地上 dì · shang
②水面上 shuǐmiàn · shang
③一簇 yícù
④上面 shàngmiàn
⑤一点儿 yìdiǎnr
⑥缝隙 fèngxì
⑦振动 zhèndòng
⑧泊 bó

⑨上去 shàng · qù
⑩朋友 péng · you
⑪拨 bō
⑬早晨 zǎo · chen
⑫那个 nà · ge/nèi · ge
⑭显得 xiǎn · de
⑮起来 · qǐ · lái
⑯热闹 rè · nao
⑰枝上 zhī · shang

作品 49 号

有这样①一个故事②。

有人问：世界上③什么④东西⑤的气力⑥最大？回答纷纭得很，有的说"象"，有的说"狮"，有人开玩笑似的⑦说：是"金刚"，金刚有多少⑧气力，当然大家全不知道⑨。

结果⑩，这一切答案完全不对，世界上气力最大的，是植物的种子。一粒种子所可以显现出来⑪的力，简直是超越一切。

人的头盖骨，结合得非常致密与坚固，生理学家和解剖⑫学者用尽了一切的方法，要把它完整地分出来，都没有这种力气⑬。后来忽然有人发明了一个方法，就是把一些植物的种子放在要剖析⑭的头盖骨里，给它以温度与湿度，使它发芽。一发芽，这些种子便以可怕的力量，将一切机械力⑮所不能分开的骨骼，完整地分开了。植物种子的力量⑯之大，如此如此。

这，也许特殊了一点儿⑰，常人不容易理解。那么，你看见过⑱笋的成长吗？你看见过被压在瓦砾⑲和石块⑳下面㉑的一棵小草的生长吗？它为着向往阳光，为着达成它的生之意志，不管上面㉒的石块如何重，石与石之间如何狭，它必定要曲曲折折㉓地，但是顽强不屈地透到地面上来。它的根往土壤钻㉔，它的芽往地面挺，这是一种不可抗拒的力，阻止它的石块，结果也被它掀翻，一粒种子的力量之大，如//此如此。

没有一个人将小草叫做"大力士"，但是它的力量之大，的确是世界无比。这种㉕力是一般人看不见的生命力。只要生命存在，这种力就要显现。上面的石块，丝毫不足以阻挡。因为㉖它是一种"长期抗战"的力；有弹性，能屈能伸的力；有韧性，不达目的不止的力。

节选自夏衍《野草》

①这样 zhèyàng
②故事 gù · shi
③世界上 shìjiè · shang
④什么 shén · me

⑤东西 dōng · xi
⑥气力 qìlì
⑦似的 shì · de
⑧多少 duō · shao
⑨知道 zhī · dào
⑩结果 jiéguǒ
⑪出来 · chū · lái
⑫解剖 jiěpōu
⑬力气 lì · qi
⑭剖析 pōuxī
⑮机械力 jīxièlì
⑯力量 lì · liàng
⑰一点儿 yìdiǎnr
⑱看见过 kànjiàn · guo
⑲瓦砾 wǎlì
⑳石块 shíkuài/shíkuàir
㉑下面 xiàmiàn
㉒上面 shàngmiàn
㉓曲曲折折 qūqū-zhézhé
㉔钻 zuān
㉕这种 zhèzhǒng/zhèizhǒng
㉖因为 yīn · wèi

作品 50 号

燕子去了，有再来的时候[①]；杨柳枯了，有再青的时候；桃花谢了，有再开的时候。但是，聪明[②]的，你告诉[③]我，我们的日子为什么[④]一去不复返呢？——是有人偷了他们罢[⑤]：那是谁[⑥]？又藏在何处呢？是他们自己逃走了罢：现在又到了哪里呢？

去的尽管[⑦]去了，来的尽管来着；去来的中间，又怎样地匆匆呢？早上[⑧]我起来的时候，小屋里射进两三方斜斜的太阳[⑨]。太阳他有脚啊[⑩]，轻轻悄悄地挪移了；我也茫茫然跟着旋转[⑪]。于是——洗手的时候，日子从水盆里过去[⑫]；吃饭的时候，日子从饭碗里过去；默默[⑬]时，便从凝然的双眼前过去。我觉察他去的匆匆了，伸出手遮挽时，他又从遮挽着的手边过去；天黑时，我躺在床上[⑭]，他便伶伶俐俐地从我身上跨过[⑮]，从我脚边飞去了。等我睁开眼和太阳再见，这算又溜走了一日。我掩着面叹息。但是新来的日子的影儿[⑯]又开始在叹息里闪过[⑰]了。

在逃去如飞的日子里，在千门万户的世界里的我能做些什么呢？只有徘徊[⑱]罢了，只有匆匆罢了；在八千多日的匆匆里，除徘徊外，又剩些什么[⑲]呢？过//去的日子如轻烟，被微风吹散了，如薄雾[⑳]，被初阳蒸融[㉑]了；我留着些什么痕迹呢？我何曾留着像游丝样的痕迹呢？我赤裸裸[㉒]来到这世界，转眼间也将赤裸裸的回去罢？但不能平的，为什么偏白白走这一遭啊？

你聪明的，告诉我，我们的日子为什么一去不复返呢？

节选自朱自清《匆匆》

①时候 shí · hou
②聪明 cōng · míng
③告诉 gào · su
④为什么 wèishén · me
⑤罢 · ba
⑥谁 shuí/shéi
⑦尽管 jǐnguǎn
⑧早上 zǎo · shang
⑨太阳 tài · yáng
⑩啊 · wa
⑪旋转 xuánzhuǎn
⑫过去 guò · qù
⑬默默 mòmò
⑭床上 chuáng · shang
⑮跨过 kuà · guò
⑯影儿 yǐngr
⑰闪过 shǎn · guò
⑱徘徊 páihuái
⑲什么 shén · me
⑳薄雾 bówù
㉑蒸融 zhēngróng
㉒赤裸裸 chìluǒluǒ

作品 51 号

有个塌鼻子的小男孩儿[①]，因为[②]两岁时得过[③]脑炎，智力受损，学习起来[④]很吃力。打个比方[⑤]，别人写作文能写二三百字，他却只能写三五行。但即便[⑥]这样的作文，他同样能写得很动人。

那是一次作文课，题目是《愿望[⑦]》。他极其认真地想了半天，然后极认真地写，那作文极短。只有三句话：我有两个愿望，第一个是，妈妈[⑧]天天笑眯眯地看着我说："你真聪明。"第二个是，老师天天笑眯眯地看着我说："你一点儿[⑨]也不笨。"

于是，就是这篇作文，深深地打动了他的老师，那位妈妈式的老师不仅给了他最高分，在班上带感情地朗读了这篇作文，还一笔一画地批道：你很聪明，你的作文写得非常感人，请放心，妈妈肯定会格外喜欢[⑩]你的，老师肯定会格外喜欢你的，大家肯定会格外喜欢你的。

捧着作文本，他笑了，蹦蹦跳跳地回家了，像只喜鹊。但他并没有把作文本拿给妈妈看，他是在等待，等待着一个美好的时刻。

那个时刻终于到了，是妈妈的生日——一个阳光灿烂的星期天：那天，他起得特别早，把作文本装在一个亲手做的美丽的大信封里，等着妈妈醒来。妈妈刚刚睁眼醒来，他就笑眯眯地走到妈妈跟前说："妈妈，今天是您的生日，我要//送给您一件礼物。"

果然，看着这篇作文，妈妈甜甜地涌出了两行热泪，一把搂住小男孩儿，搂得很紧很紧。

是的，智力可以受损，但爱永远不会。

节选自张玉庭《一个美丽的故事》

①男孩儿 nánháir
②因为 yīn · wèi
③得过 dé · guo
④起来 · qǐ · lái
⑤比方 bǐ · fang
⑥即便 jíbiàn
⑦愿望 yuànwàng
⑧妈妈 mā · ma
⑨一点儿 yìdiǎnr
⑩喜欢 xǐ · huan

作品 52 号

小学的时候①，有一次我们去海边远足，妈妈②没有做便饭，给了我十块钱买午餐。好像走了很久，很久，终于到海边了，大家坐下来③便吃饭，荒凉的海边没有商店，我一个人跑到防风林外面④去，级任老师要大家把吃剩的饭菜分给我一点儿⑤。有两三个男生留下一点儿给我，还有一个女生，她的米饭拌了酱油，很香。我吃完的时候，她笑眯眯地看着我，短头发，脸圆圆的。

她的名字叫翁香玉。

每天放学的时候，她走的是经过⑥我们家的一条小路，带着一位比她小的男孩儿⑦，可能是弟弟⑧。小路边是一条清澈见底的小溪，两旁竹阴覆盖，我总是远远地跟在她后面⑨，夏日的午后特别炎热，走到半路她会停下来⑩，拿手帕在溪水里浸湿⑪，为小男孩儿擦脸。我也在后面停下来，把肮脏的手帕弄湿了擦脸，再一路远远跟着她回家。

后来我们家搬到镇上⑫去了，过几年我也上了中学。有一天放学回家，在火车上，看见斜对面一位短头发、圆圆脸的女孩儿，一身素净⑬的白衣黑裙。我想她一定不认识⑭我了。火车很快到站了，我随着人群挤向门口，她也走近了，叫我的名字⑮。这是她第一次和我说话。

她笑眯眯的，和我一起走过月台。以后就没有再见过⑯//她了。

这篇文章收在我出版的《少年心事》这本书里。

书出版后半年，有一天我忽然收到出版社转来的一封信，信封上是陌生的字迹，但清楚⑰地写着我的本名。

信里面说她看到了这篇文章心里非常激动，没想到在离开家乡，漂泊⑱异地这么久之后，会看见自己仍然在一个人的记忆里，她自己也深深记得这其中的每一幕，只是没想到越过遥远的时空，竟然另一个人也深深记得。

节选自苦伶《永远的记忆》

①时候 shí · hou
②妈妈 mā · ma
③坐下来 zuò · xià · lái
④外面 wàimiàn
⑤一点儿 yìdiǎnr
⑥经过 jīng · guò
⑦男孩儿 nánháir
⑧弟弟 dì · di
⑨后面 hòumiàn
⑩停下来 tíng · xià · lái
⑪浸湿 jìnshī
⑫镇上 zhèn · shang
⑬素净 sù · jing
⑭认识 rèn · shi
⑮名字 míng · zi
⑯见过 jiàn · guo
⑰清楚 qīng · chu
⑱漂泊 piāobó

作品 53 号

在繁华的巴黎大街的路旁，站着一个衣衫褴褛、头发①斑白、双目失明的老人。他不像其他乞丐那样伸手向过路行人乞讨，而是在身旁立一块木牌，上面写着："我什么②也看不见！"街上过往的行人很多，看了木牌上的字都无动于衷，有的还淡淡一笑，便姗姗而去了。

这天中午，法国著名诗人让 · 彼浩勒也经过这里。他看看③木牌上的字，问盲老人："老人家，今天上午有人给你钱吗？"

盲老人叹息着回答："我，我什么也没有得到。"说着，脸上的神情非常悲伤。

让 · 彼浩勒听了，拿起笔悄悄地在那行字的前面添上了④"春天到了，可是"几个字，就匆匆地离开了。

晚上，让 · 彼浩勒又经过这里，问那个盲老人下午的情况。盲老人笑着回答说："先生，不知为什么⑤，下午⑥给我钱的人多极了！"让 · 彼浩勒听了，摸着胡子满意地笑了。

"春天到了，可是我什么也看不见！"这富有诗意的语言，产生这么大的作用⑦，就在于它有非常浓厚的感情色彩。是的，春天是美好的，那蓝天白云，那绿树红花，那莺歌燕舞，那流水人家，怎么不叫人陶醉呢？但这良辰美景，对于一个双目失明的人来说，只是一片漆黑。当人们想到这个盲老人，一生中竟连万紫千红的春天//都不曾看到，怎能不对他产生同情之心呢？

节选自小学《语文》第六册中《语言的魅力》

①头发 tóu · fa
②什么 shén · me
③看看 kàn · kan
④添上了 tiān · shàng · le
⑤为什么 wèishén · me
⑥下午 xiàwǔ
⑦作用 zuòyòng

作品 54 号

有一次，苏东坡的朋友张鹗[①]拿着一张宣纸来求他写一幅[②]字，而且希望他写一点儿[③]关于养生方面的内容。苏东坡思索了一会儿，点点头说："我得到了一个养生长寿古方，药只有四味，今天就赠给你吧。"于是，东坡的狼毫在纸上挥洒起来，上面写着："一曰无事以当[④]贵，二曰早寝以当富，三曰安步以当车，四曰晚食以当肉。"

这哪里有药？张鹗一脸茫然地问。苏东坡笑着解释说，养生长寿的要诀，全在这四句里面[⑤]。

所谓"无事以当贵"，是指人不要把功名利禄、荣辱过失考虑得太多，如能在情志上潇洒大度，随遇而安，无事以求，这比富贵更能使人终其天年。

"早寝以当富"，指吃好穿好、财货充足，并非就能使你长寿。对老年人来说，养成良好的起居习惯，尤其是早睡早起，比获得任何财富更加宝贵。

"安步以当车"，指人不要过于讲求安逸、肢体不劳，而应多以步行来替代骑马乘车，多运动才可以强健体魄[⑥]，通畅气血[⑦]。

"晚食以当肉"，意思是人应该用已饥方食、未饱先止代替对美味佳肴的贪吃无厌。他进一步解释，饿了以后才进食，虽然是粗茶淡饭，但其香甜可口会胜过山珍；如果饱了还要勉强[⑧]吃，即使[⑨]美味佳肴摆在眼前也难以//下咽。

苏东坡的四味"长寿药"，实际上是强调了情志、睡眠、运动、饮食四个方面对养生长寿的重要性，这种养生观点即使在今天仍然值得借鉴。

节选自蒲昭和《赠你四味长寿药》

①张鹗 Zhāng È
②一幅 yìfú
③一点儿 yìdiǎnr
④当 dàng
⑤里面 lǐmiàn
⑥体魄 tǐpò
⑦气血 qìxuè
⑧勉强 miǎnqiǎng
⑨即使 jíshǐ

作品 55 号

人活着，最要紧的是寻觅到那片代表着生命绿色和人类希望的丛林，然后选一高高的枝头站在①那里观览人生，消化痛苦，孕育歌声，愉悦世界！

这可真是一种潇洒的人生态度②，这可真是一种心境爽朗的情感风貌。

站在历史的枝头微笑，可以减免许多烦恼。在那里，你可以从众生相所包含的甜酸苦辣、百味人生中寻找你自己；你境遇中的那点儿③苦痛，也许相比之下，再也难以占据一席之地；你会较容易地获得从不悦中解脱灵魂的力量④，使之不致变得灰色。

人站得高些，不但能有幸早些领略到希望的曙光，还能有幸发现生命的立体的诗篇。每一个人的人生，都是这诗篇中的一个词、一个句子或者一个标点。你可能没有成为一个美丽的词，一个引人注目的句子，一个惊叹号，但你依然是这生命的立体诗篇中的一个音节、一个停顿、一个必不可少的组成部分⑤。这足以使你放弃⑥前嫌，萌生为人类孕育新的歌声的兴致⑦，为世界带来更多的诗意。

最可怕的人生见解，是把多维的生存图景看成平面。因为⑧那平面上刻下的大多是凝固了的历史——过去的遗迹；但活着的人们，活得却是充满着新生智慧的，由//不断逝去的“现在”组成的未来。人生不能像某些鱼类躺着游，人生也不能像某些兽类爬着走，而应该站着向前行，这才是人类应有的生存姿态。

节选自[美]本杰明·拉什《站在历史的枝头微笑》

①站在 zhànzài
②态度 tài · dù
③点儿 diǎnr
④力量 lì · liàng
⑤部分 bù · fen
⑥放弃 fàngqì
⑦兴致 xìngzhì
⑧因为 yīn · wèi

作品 56 号

中国的第一大岛、台湾省的主岛台湾，位于中国大陆架的东南方，地处[1]东海和南海之间，隔着台湾海峡和大陆相望。天气[2]晴朗的时候[3]，站在福建沿海较高的地方[4]，就可以隐隐约约地望见岛上的高山和云朵。

台湾岛形状狭长，从东到西，最宽处只有一百四十多公里；由南至北，最长的地方约有三百九十多公里。地形像一个纺织用的梭子[5]。

台湾岛上的山脉纵贯[6]南北，中间的中央山脉犹如全岛的脊梁[7]。西部为海拔近四千米的玉山山脉，是中国东部的最高峰。全岛约有三分之一的地方是平地，其余为[8]山地。岛内有缎带般的瀑布，蓝宝石似的[9]湖泊[10]，四季常青的森林和果园，自然景色十分优美。西南部的阿里山和日月潭，台北市郊的大屯山风景区，都是闻名世界的游览胜地。

台湾岛地处热带和温带之间，四面环海，雨水充足，气温受到海洋的调剂[11]，冬暖夏凉，四季如春，这给水稻和果木生长提供[12]了优越的条件。水稻、甘蔗[13]、樟脑是台湾的“三宝”。岛上还盛产鲜果和鱼虾。

台湾岛还是一个闻名世界的“蝴蝶王国”。岛上的蝴蝶共有四百多个品种，其中有不少是世界稀有的珍贵品种。岛上还有不少鸟语花香的蝴//蝶谷，岛上居民利用蝴蝶制作的标本和艺术品，远销许多国家。

节选自《中国的宝岛——台湾》

①地处 dìchǔ
②天气 tiānqì
③时候 shí · hou
④地方 dì · fang
⑤梭子 suō · zi
⑥纵贯 zòngguàn
⑦脊梁 jǐ · liáng
⑧为 wéi
⑨似的 shì · de
⑩湖泊 húpō
⑪调剂 tiáojì
⑫提供 tígōng
⑬甘蔗 gān · zhe

作品 57 号

对于中国的牛，我有着一种特别尊敬的感情。

留给我印象最深的，要算在田垄上[1]的一次“相遇”。

一群朋友[2]郊游，我领头在狭窄的阡陌上[3]走，怎料迎面来了几头耕牛，狭道容不下人和牛，终有一方要让路。它们还没有走近，我们已经预计斗不过畜牲[④]，恐怕难免踩到田地泥水里，弄得鞋袜又泥又湿了。正踟蹰[⑤]的时候[⑥]，带头的一头牛，在离我们不远的地方停下来，抬起头看看[⑦]，稍迟疑一下，就自动走下田去。一队耕牛，全跟着它离开阡陌，从我们身边经过。

我们都呆了，回过头来，看着深褐色的牛队，在路的尽头消失，忽然觉得自己受了很大的恩惠。

中国的牛，永远沉默地为人做着沉重的工作。在大地上[⑧]，在晨光或烈日下，它拖着沉重的犁，低头一步又一步，拖出了身后一列又一列松土，好让人们下种[⑨]。等到满地金黄或农闲时候，它可能还得担当搬运负重的工作；或终日绕着石磨，朝同一方向，走不计程的路。

在它沉默[⑩]的劳动中，人便得到应得的收成[⑪]。

那时候，也许，它可以松一肩重担[⑫]，站在树下，吃几口嫩草。偶尔摇摇[⑬]尾巴[⑭]，摆摆[⑮]耳朵[⑯]，赶走飞附身上的苍蝇[⑰]，已经算是它最闲适的生活了。

中国的牛，没有成群奔跑的习//惯，永远沉沉实实的，默默地[⑱]工作，平心静气。这就是中国的牛！

节选自小思《中国的牛》

①田垄上 tiánlǒng · shang
②朋友 péng · you
③阡陌上 qiānmò · shang
④畜牲 chù · sheng
⑤踟蹰 chíchú
⑥时候 shí · hou
⑦看看 kàn · kan
⑧大地上 dàdì · shang
⑨下种 xiàzhǒng
⑩沉默 chénmò
⑪收成 shōu · cheng
⑫重担 zhòngdàn
⑬摇摇 yáo · yao
⑭尾巴 wěi · ba
⑮摆摆 bǎi · bai
⑯耳朵 ěr · duo
⑰苍蝇 cāng · ying
⑱默默地 mòmò · de

作品 58 号

不管我的梦想能否成为事实，说出来总是好玩儿[①]的：

春天，我将要住在杭州。二十年前，旧历的二月初，在西湖我看见了嫩柳与菜花[②]，碧浪与翠竹。由我看到的那点儿[③]春光，已经可以断定，杭州的春天必定会教人[4]整天生活在诗与图画之中。所以，春天我的家应当是在杭州。

夏天，我想青城山应当算作最理想的地方[5]。在那里，我虽然只住过[6]十天，可是它的幽静已拴住了我的心灵。在我所看见过[7]的山水中，只有这里没有使我失望。到处都是绿，目之所及，那片淡而光润的绿色都在轻轻地振动[8]，仿佛要流入空中与心中似的[9]。这个绿色会像音乐，涤清[10]了心中的万虑。

秋天一定要住北平。天堂是什么[11]样子，我不知道[12]，但是从我的生活经验去判断，北平之秋便是天堂。论天气，不冷不热。论吃的，苹果、梨、柿子、枣儿[13]、葡萄[14]，每样都有若干种。论花草，菊花种类之多，花式之奇，可以甲天下。西山有红叶可见，北海可以划船——虽然荷花已残，荷叶可还有一片清香。衣食住行，在北平的秋天，是没有一项不使人满意的。

冬天，我还没有打好主意[15]，成都或者相当的合适，虽然并不怎样和暖，可是为了水仙，素心腊梅，各色的茶花，仿佛就受一点儿寒//冷，也颇值得去了。昆明的花也多，而且天气比成都好，可是旧书铺与精美而便宜[16]的小吃远不及成都那么多。好吧，就暂这么规定：冬天不住成都便住昆明吧。

在抗战中，我没能发国难财。我想，抗战胜利以后，我必能阔起来。那时候[17]，假若飞机减价，一二百元就能买一架的话，我就自备一架，择黄道吉日慢慢地[18]飞行。

节选自老舍《住的梦》

①好玩儿 hǎowánr
②菜花 càihuā/càihuār
③点儿 diǎnr
④教人 jiàorén
⑤地方 dì · fang
⑥住过 zhù · guo
⑦看见过 kànjiàn · guo
⑧振动 zhèndòng
⑨似的 shì · de
⑩涤清 díqīng
⑪什么 shén · me
⑫知道 zhī · dào
⑬枣儿 zǎor
⑭葡萄 pú · tao
⑮主意 zhǔ · yi/zhú · yi
⑯便宜 pián · yi
⑰时候 shí · hou
⑱慢慢地 mànmàn · de/mànmānr · de

作品 59 号

我不由得停住了脚步。

从未见过[①]开得这样盛的藤萝，只见一片辉煌的淡紫色，像一条瀑布，从空中垂下，不见其发端，也不见其终极，只是深深浅浅的紫，仿佛在流动，在欢笑，在不停地生长。紫色的大条幅上，泛着点点银光，就像迸溅[②]的水花。仔细看时，才知那是每一朵紫花中的最浅淡的部分[③]，在和阳光互相挑逗[④]。

这里除了光彩，还有淡淡的芳香。香气似乎也是浅紫色的，梦幻一般轻轻地笼罩着我。忽然记起十多年前，家门外也曾有过一大株紫藤萝，它依傍[⑤]一株枯槐爬得很高，但花朵从来都稀落，东一穗西一串伶仃[⑥]地挂在树梢，好像在察言观色，试探什么[⑦]。后来索性连那稀零的花串也没有了。园中别的紫藤花架也都拆掉，改种了果树。那时的说法是，花和生活腐化有什么必然关系。我曾遗憾地想：这里再看不见藤萝花了。

过了这么多年，藤萝又开花了，而且开得这样盛，这样密，紫色的瀑布遮住了粗壮的盘虬[⑧]卧龙般的枝干，不断地流着，流着，流向人的心底。

花和人都会遇到[⑨]各种各样的不幸，但是生命的长河是无止境的。我抚摸[⑩]了一下那小小的紫色的花舱，那里满装了生命的酒酿，它张满了帆，在这//闪光的花的河流上航行。它是万花中的一朵，也正是由每一个一朵，组成了万花灿烂的流动的瀑布。

在这浅紫色的光辉和浅紫色的芳香中，我不觉加快了脚步。

节选自宗璞《紫藤萝瀑布》

①见过 jiàn · guo
②迸溅 bèngjiàn
③部分 bù · fen
④挑逗 tiǎodòu
⑤依傍 yībàng
⑥伶仃 língdīng
⑦什么 shén · me
⑧盘虬 pánqiú
⑨遇到 yùdào
⑩抚摸 fǔmō

作品 60 号

在一次名人访问中，被问及上个世纪最重要的发明是什么[①]时，有人说是电脑，有人说是汽车，等等。但新加坡的一位知名人士却说是冷气机。他解释，如果没有冷气，热带地区如东南亚国家，就不可能有很高的生产力，就不可能达到今天的生活水准。他的回答实事求是，有理有据。

看了上述报道[2]，我突发奇想：为什么[3]没有记者问："二十世纪最糟糕的发明是什么？"其实二〇〇二年十月中旬，英国的一家报纸就评出了"人类最糟糕的发明"。获此"殊荣"的，就是人们每天大量使用的塑料袋。

诞生于上个世纪三十年代的塑料袋，其家族包括用塑料制成的快餐饭盒[4]、包装纸、餐用杯盘、饮料瓶[5]、酸奶杯、雪糕杯等等。这些废弃物形成的垃圾，数量多、体积[6]大、重量轻、不降解，给治理工作带来很多技术[7]难题和社会问题。

比如，散落[8]在田间、路边及草丛中的塑料餐盒，一旦被牲畜[9]吞食，就会危及健康甚至导致死亡。填埋废弃塑料袋、塑料餐盒的土地，不能生长庄稼[10]和树木，造成土地板结，而焚烧处理这些塑料垃圾，则会释放出多种化学有毒气体，其中一种称为二噁英[11]的化合物，毒性极大。

此外，在生产塑料袋、塑料餐盒的//过程中使用的氟利昂[12]，对人体免疫系统和生态环境造成的破坏也极为严重。

节选自林光如《最糟糕的发明》

①什么 shén · me
②报道 bàodào
③为什么 wèishén · me
④饭盒 fànhé/fànhér
⑤饮料瓶 yǐnliàopíng/yǐnliàopíngr
⑥体积 tǐjī
⑦技术 jìshù
⑧散落 sànluò
⑨牲畜 shēngchù
⑩庄稼 zhuāng · jia
⑪二噁英 èr'èyīng
⑫氟利昂 fúlì'áng

四、命题说话

（一）应试要领

本题限时 3 分钟，分值为 40 分。主要考查应试人员在无文字依托的情况下使用普通话的标准程度，词汇、语法规范程度和自然流畅程度。考试要求应试人员在该部分测试中必须说满 3 分钟时间，也就相当于构思一篇 600 字左右的说话内容。应试人员禁止携带已经准备好的文字稿件进入考场。因此，必须在备考时熟悉普通话水平测试用话题，打好腹稿，以便能够在考场上轻松自如、流畅自然地将说话的内容表达出来。应试人员切不可在测试过程中出现背稿现象，否则，将会被视情况扣分。

普通话水平测试的主要目的在于测试应试人员语音发声的标准程度和词汇语法的规范程度。因此，说话内容并不需要体现应试人员的文学水平。说话过程中使用通俗易懂、简单明了的话语即可。其次，应试人员要避免说过的内容不断重复的情况，要做到思路清晰，符合逻辑。此外，该测试要求应试人员说满 3 分钟，但并不意味着 3 分钟内要讲完一个完整的故事或者完成一个完整的说话内容。在说话的过程中，即使是一个句子说到了一半，此时 3 分钟说话时间已满，考试结束，应试人员停止说话，点击提交试卷即可。考试成绩并不会因为一个句子没有说完或者说话内容不完整而受到影响。反之，如应试人员准备不充分，说话内容不足 3 分钟的情况下，则会被视情况扣分。

（二）评分标准

1. 语音标准程度，共 20 分。分六档：

一档：语音标准，或极少有失误。扣 0 分、0.5 分、1 分。

二档：语音错误在 10 次以下，有方音但不明显。扣 1.5 分、2 分。

三档：语音错误在 10 次以下，但方音比较明显；或语音错误在 10～15 次，有方音但不明显。扣 3 分、4 分。

四档：语音错误在 10～15 次，方音比较明显。扣 5 分、6 分。

五档：语音错误超过 15 次，方音明显。扣 7 分、8 分、9 分。

六档：语音错误多，方音重。扣 10 分、11 分、12 分。

2. 词汇语法规范程度，共 5 分。分三档：

一档：词汇、语法规范。扣 0 分。

二档：词汇、语法偶有不规范的情况。扣 0.5 分、1 分。

三档：词汇、语法屡有不规范的情况。扣 2 分、3 分。

3. 自然流畅程度，共 5 分。分三档：

一档：语言自然流畅。扣 0 分。

二档：语言基本流畅，口语化较差，有背稿子的表现。扣 0.5 分、1 分。

三档：语言不连贯，语调生硬。扣 2 分、3 分。

说话不足 3 分钟，酌情扣分：缺时 1 分钟以内（含 1 分钟），扣 1 分、2 分、3 分；缺时 1 分钟以上，扣 4 分、5 分、6 分；说话不满 30 秒（含 30 秒），本测试项成绩计为 0 分。

(三)普通话水平测试用话题

1. 我的愿望(或理想)
2. 我的学习生活
3. 我尊敬的人
4. 我喜爱的动物(或植物)
5. 童年的记忆
6. 我喜爱的职业
7. 难忘的旅行
8. 我的朋友
9. 我喜爱的文学(或其他)艺术形式
10. 谈谈卫生与健康
11. 我的业余生活
12. 我喜欢的季节(或天气)
13. 学习普通话的体会
14. 谈谈服饰
15. 我的假日生活
16. 我的成长之路
17. 谈谈科技发展与社会生活
18. 我知道的风俗
19. 我和体育
20. 我的家乡(或熟悉的地方)
21. 谈谈美食
22. 我喜欢的节日
23. 我所在的集体(学校、机关、公司等)
24. 谈谈社会公德(或职业道德)
25. 谈谈个人修养
26. 我喜欢的明星(或其他知名人士)
27. 我喜爱的书刊
28. 谈谈对环境保护的认识
29. 我向往的地方
30. 购物(消费)的感受

(四)易被误当作普通话的方言词汇

在日常生活中，由于受到方言的影响或者常识性的错误，我们会误将一些方言当成普通话使用，如：“外公”和“外婆”均为方言，正确的普通话应为“姥爷”和“姥姥”。因此，笔者根据《现代汉语词典》(第七版)对易被误当作普通话使用的方言词汇进行了整理。括号中是这些词对应的普通话词汇。应试人员在进行普通话水平测试最后一道题命题说话作答时，应当避免使用以下方言词汇。

泊车(停车)
菜馆(饭店)
爹爹(父亲、祖父)
肚皮(肚子)
发怵(胆怯)
泛酸(胃酸过多)
海椒(辣椒)
活络(活动)
急眼(发脾气、着急)
脚劲(两腿的力气)
橘柑(橘子)
磕巴(口吃)
癞子(耍无赖的人)
力道(力气、力量)
靓仔(英俊的小伙子)
乱套(乱了次序)
露相(露出本来面目)
面巾(毛巾)
挪移(挪动)
派对(聚会)
皮草(裘皮制品)
勤谨(勤劳)
身板(身体、体格)
侍弄(经营照管、摆弄)
死磕(拼命作对或争斗)
姥姥(外婆)
小食(小吃)
学堂(学校)
洋芋(土豆)
值当(值得)
自打(自从)
嘎嘣脆(非常脆)
浑球儿(浑蛋)
脚踏车(自行车)
脚脖子(脚腕)
抠门儿(小气)
没门儿(不可能)
傻帽儿(傻子)
秃瓢儿(光头)
写字间(办公室)
自个儿(自己)
不赖(不错)
抄手(馄饨)
碟片(影碟)
耳风(传言)
犯怵(胆怯)
敢情(原来)
黑糖(红糖)
积食(停食)
挤对(逼迫使屈从、排挤)
斤斗(跟头)
开涮(戏弄、开玩笑)
裤头(裤衩)
劳烦(麻烦)

乐儿(快乐的事)
立马(立刻)
邻舍(邻居)
马甲(背心)
奶娘(奶妈)
拍档(搭档)
跑路(逃跑)
皮蛋(松花蛋)
扫把(扫帚)
生猛(活蹦乱跳)
收银(收款)
速食(快餐)
乌龙(糊涂)
雄起(奋起)
盐巴(食盐)
袖管(袖子)
抓挠(搔)
跌眼镜(吃惊、意外)
敢不是(敢是)
即食面(方便面)
架不住(禁不住、受不住)
接茬儿(搭腔)
冷不丁(冷不防)
起眼儿(醒目)
时不时(时常)
围脖儿(围巾)
写字楼(办公楼)
扯淡(闲扯、胡扯)
电玩(电子游戏)
笃定(一定)
发痴(发呆、发疯)
犯傻(做傻事)
干架(打架、吵架)
花菜(花椰菜)
激灵(受惊吓猛然抖动)
记挂(惦念、挂念)
筋道(食物有韧性)
看客(观众)
拉面(抻面)
落忍(忍心)
乐子(快乐的事)
肋条(肋骨)
靓女(美女)
米线(米粉)
泥巴(泥)
排档(路边摊)
碰瓷(讹诈)
起开(让开)
山芋(甘薯)
识相(知趣)
耍横(蛮横)
屯子(村庄)
小瞧(小看)
恤衫(衬衫)
眼白(白眼珠)
营生(职业、工作)
吱声(作声)
丁点儿(一点儿)
黄包车(人力车)
计程车(出租车)
较真儿(非常认真)
开瓢儿(脑袋被打破)
猫儿腻(花招)
三脚猫(技艺不精)
太空船(宇宙飞船)
现如今(现在、如今)
幺蛾子(鬼主意、坏点子)

附录　普通话声韵配合简表

	开口呼														齐齿呼									合口呼										撮口呼				
	-i	a	o	e	ê	ai	ei	ao	ou	an	en	ang	eng	er	i	ia	ie	iao	iu	ian	in	iang	ing	u	ua	uo	uai	ui	uan	un	uang	ueng	ong	ü	üe	üan	ün	iong
b		ba 八	bo 波			bai 掰	bei 杯	bao 包		ban 班	ben 奔	bang 帮	beng 崩		bi 逼		bie 憋	biao 标		bian 边	bin 斌		bing 冰	bu 不														
p		pa 趴	po 坡			pai 拍	pei 胚	pao 抛	pou 剖	pan 潘	pen 喷	pang 乓	peng 烹		pi 批		pie 撇	piao 飘		pian 篇	pin 拼		ping 平	pu 扑														
m		ma 妈	mo 摸	me 么		mai 埋	mei 没	mao 猫	mou 谋	man 蛮	men 闷	mang 忙	meng 懵		mi 咪		mie 咩	miao 喵	miu 谬	mian 棉	min 民		ming 明	mu 母														
f		fa 发	fo 佛				fei 飞		fou 否	fan 翻	fen 分	fang 方	feng 风											fu 夫														
d		da 搭		de 得		dai 呆	dei 得	dao 刀	dou 都	dan 单	den 扽	dang 当	deng 灯		di 低	dia 嗲	die 爹	diao 雕	diu 丢	dian 颠			ding 丁	du 都		duo 多		dui 堆	duan 端	dun 吨			dong 东					
t		ta 他		te 特		tai 胎	tei 忒	tao 涛	tou 偷	tan 摊		tang 汤	teng 疼		ti 梯		tie 贴	tiao 挑		tian 天			ting 听	tu 突		tuo 脱		tui 推	tuan 湍	tun 吞			tong 通					
n		na 拿		ne 呢		nai 奶	nei 内	nao 脑	nou 耨	nan 南	nen 嫩	nang 囊	neng 能		ni 妮		nie 捏	niao 鸟	niu 妞	nian 年	nin 您	niang 娘	ning 宁	nu 奴		nuo 挪			nuan 暖				nong 农	nü 女	nüe 虐			
l		la 拉		le 勒		lai 来	lei 雷	lao 捞	lou 楼	lan 蓝		lang 狼	leng 冷		li 梨	lia 俩	lie 列	liao 料	liu 溜	lian 连	lin 林	liang 两	ling 灵	lu 芦		luo 罗			luan 卵	lun 伦			long 龙	lü 旅	lüe 略			
g		ga 嘎		ge 歌		gai 该	gei 给	gao 高	gou 沟	gan 干	gen 跟	gang 刚	geng 更											gu 姑	gua 瓜	guo 锅	guai 乖	gui 归	guan 关	gun 滚	guang 光		gong 工					

续表

	开口呼													
	-i	a	o	e	ê	ai	ei	ao	ou	an	en	ang	eng	er
k		ka 咖		ke 科		kai 开	kei 剋	kao 考	kou 抠	kan 刊	ken 肯	kang 康	keng 坑	
h		ha 哈		he 喝		hai 还	hei 黑	hao 豪	hou 猴	han 憨	hen 很	hang 夯	heng 哼	
j														
q														
x														
zh	zhi 知	zha 扎		zhe 遮		zhai 摘	zhei 这	zhao 招	zhou 周	zhan 沾	zhen 真	zhang 张	zheng 争	
ch	chi 吃	cha 插		che 车		chai 拆		chao 超	chou 抽	chan 掺	chen 琛	chang 昌	cheng 撑	
sh	shi 师	sha 沙		she 奢		shai 筛	shei 谁	shao 稍	shou 收	shan 山	shen 深	shang 伤	sheng 生	
r	ri 日			re 热				rao 绕	rou 揉	ran 然	ren 人	rang 嚷	reng 扔	
z	zi 资	za 杂		ze 责		zai 灾	zei 贼	zao 遭	zou 邹	zan 簪	zen 怎	zang 脏	zeng 增	
c	ci 词	ca 擦		ce 册		cai 猜		cao 操	cou 凑	can 参	cen 岑	cang 仓	ceng 层	
s	si 斯	sa 撒		se 色		sai 塞		sao 搔	sou 嗖	san 三	sen 森	sang 桑	seng 僧	
ø		a 啊	o 喔	e 鹅	ê 欸	ai 哀	ei 欸	ao 熬	ou 欧	an 安	en 恩	ang 肮	eng 鞥	er 儿

	齐齿呼								
	i	ia	ie	iao	iu	ian	in	iang	ing
k									
h									
j	ji 机	jia 家	jie 街	jiao 交	jiu 揪	jian 间	jin 金	jiang 江	jing 经
q	qi 七	qia 掐	qie 切	qiao 悄	qiu 秋	qian 千	qin 亲	qiang 腔	qing 青
x	xi 西	xia 虾	xie 些	xiao 消	xiu 修	xian 先	xin 新	xiang 香	xing 星
zh									
ch									
sh									
r									
z									
c									
s									
ø	yi 一	ya 压	ye 椰	yao 腰	you 优	yan 烟	yin 因	yang 央	ying 英

	合口呼										撮口呼				
	u	ua	uo	uai	ui	uan	un	uang	ueng	ong	ü	üe	üan	ün	iong
k	ku 哭	kua 夸	kuo 扩	kuai 快	kui 亏	kuan 宽	kun 坤	kuang 筐		kong 空					
h	hu 呼	hua 花	huo 豁	huai 怀	hui 灰	huan 欢	hun 荤	huang 慌		hong 轰					
j											ju 居	jue 撅	juan 捐	jun 军	jiong 炯
q											qu 区	que 缺	quan 圈	qun 逡	qiong 琼
x											xu 须	xue 薛	xuan 宣	xun 熏	xiong 胸
zh	zhu 朱	zhua 抓	zhuo 桌	zhuai 拽	zhui 追	zhuan 专	zhun 谆	zhuang 装		zhong 中					
ch	chu 初	chua 欻	chuo 戳	chuai 揣	chui 吹	chuan 川	chun 春	chuang 窗		chong 冲					
sh	shu 书	shua 刷	shuo 说	shuai 摔	shui 谁	shuan 栓	shun 顺	shuang 双							
r	ru 如	rua 挼	ruo 若		rui 瑞	ruan 软	run 润			rong 荣					
z	zu 租		zuo 昨		zui 嘴	zuan 钻	zun 尊			zong 宗					
c	cu 粗		cuo 搓		cui 催	cuan 蹿	cun 村			cong 葱					
s	su 苏		suo 缩		sui 虽	suan 酸	sun 孙			song 松					
ø	wu 乌	wa 挖	wo 窝	wai 歪	wei 威	wan 弯	wen 温	wang 汪	weng 翁		yu 迂	yue 约	yuan 冤	yun 晕	yong 拥